explica

Evangélicos na Política Brasileira

Magali Cunha

ACTUAL

Evangélicos na Política Brasileira
Magali Cunha

MYNEWS EXPLICA
EVANGÉLICOS NA POLÍTICA BRASILEIRA
© Almedina, 2022
AUTOR: Magali Cunha

DIRETOR DA ALMEDINA BRASIL: Rodrigo Mentz
EDITOR DE CIÊNCIAS SOCIAIS E HUMANAS E LITERATURA: Marco Pace
COORDENADORAS DA COLEÇÃO MYNEWS EXPLICA: Gabriela Lisboa e Mara Luquet
ASSISTENTES EDITORIAIS: Isabela Leite e Larissa Nogueira
ESTAGIÁRIA DE PRODUÇÃO: Laura Roberti

REVISÃO: Gabriela Leite
DIAGRAMAÇÃO: Almedina
DESIGN DE CAPA: Roberta Bassanetto
IMAGEM DE CAPA: Foto de Luis Quintero no Pexels

ISBN: 9788562938597
Maio, 2022

Dados Internacionais de Catalogação na Publicação (CIP)
(Câmara Brasileira do Livro, SP, Brasil)

Cunha, Magali
MyNews explica : evangélicos na política
brasileira / Magali Cunha. – São Paulo :
Edições 70, 2022.

ISBN 978-85-62938-59-7

1. Ciências políticas 2. Eleição (Teologia)
3. Eleições - Aspectos morais e éticos 4. Eleições -
Brasil 5. Evangélicos 6. Pentecostalismo 7. Religião
e política - Brasil I. Título.

22-104570   CDD-261.7

Índices para catálogo sistemático:

1. Religião e política : Teologia social 261.7

Maria Alice Ferreira - Bibliotecária - CRB-8/7964

Este livro segue as regras do novo Acordo Ortográfico da Língua Portuguesa (1990).

Todos os direitos reservados. Nenhuma parte deste livro, protegido por copyright, pode ser reproduzida, armazenada ou transmitida de alguma forma ou por algum meio, seja eletrônico ou mecânico, inclusive fotocópia, gravação ou qualquer sistema de armazenagem de informações, sem a permissão expressa e por escrito da editora.

EDITORA: Almedina Brasil
Rua José Maria Lisboa, 860, Conj.131 e 132, Jardim Paulista | 01423-001 São Paulo | Brasil
www.almedina.com.br

Apresentação

Zelar pela informação correta de boa qualidade com fontes impecáveis é missão do jornalista. E nós no MyNews levamos isso muito a sério. No século 21, nosso desafio é saber combinar as tradicionais e inovadoras mídias criando um caldo de cultura que ultrapassa barreiras.

A nova fronteira do jornalismo é conseguir combinar todos esses caminhos para que nossa audiência esteja sempre bem atendida quando o assunto é conhecimento, informação e análise.

Confiantes de que nós estaremos sempre atentos e vigilantes, o MyNews foi criado com o objetivo de ser plural e um *hub* de pensamentos que serve como catalisador de debates e ideias para encontrar respostas aos novos desafios, sejam eles econômicos, políticos, culturais, tecnológicos, geopolíticos, enfim, respostas para a vida no planeta nestes tempos tão estranhos.

A parceria com a Almedina para lançar a coleção MyNews Explica vem de uma convergência de propósitos.

A editora que nasceu em Coimbra e ganhou o mundo lusófono compartilha da mesma filosofia e compromisso com o rigor da informação e conhecimento. É reconhecida pelo seu acervo de autores e títulos que figuram no panteão de fontes confiáveis, medalhões em seus campos de excelência.

A coleção MyNews Explica quer estar ao seu lado para desbravar os caminhos de todas as áreas do conhecimento.

Mara Luquet

Sumário

1. Introdução 9

2. Quem são os Evangélicos? 13
   2.1 Evangélicos ou protestantes?. 16
   2.2 O que é ser evangélico no Brasil? 18
   2.3 O novo modo de ser evangélico no Brasil
       dos anos 2000. 22
       2.3.1 A hegemonia pentecostal 23
       2.3.2 O surgimento da cultura gospel 27
       2.3.3 A segmentação evangélica 29
       2.3.4 A fragmentação em ministérios 31
   2.4 Três coisas de que é preciso saber 32
       2.4.1 "Os evangélicos" não existe 32
       2.4.2 Evangélicos não têm representantes,
             porta-vozes. 33
       2.4.3 As igrejas e pastores midiáticos são
             uma parcela do segmento, não o todo. .. 34

3. Evangélicos na Política – um Histórico 37
   3.1 As origens da presença evangélica na política
       partidária brasileira 38

3.2 Um panorama pós-Congresso Constituinte
de 1988 45
3.3 Ocupação de espaço político no Poder
Judiciário. 53
3.4 Evangélicos progressistas: uma minoria
significativa 56

4. O Protagonismo Evangélico no Governo de
Jair Bolsonaro (2018-2021) 71
   4.1 Ocupação do Executivo 73
      4.1.1 O ministério mais ocupado 78
      4.1.2 Educação: bunker da ala ideológica 79
   4.2 Quem são os evangélicos que empenharam
      apoio a Bolsonaro? 81
   4.3 Quem são os evangélicos que rejeitam
      Bolsonaro? 87

5. Temas em Frequente Debate na Relação
Evangélicos e Política. 93
   5.1 Existe voto evangélico? 93
   5.2 Evangélicos entre a direita e a esquerda 97
   5.3 Evangélicos e fake news 100
      5.3.1 Desinformação e religião 102
      5.3.2 O enfrentamento da desinformação
         no Brasil 106
      5.3.3 As mentiras que circulam em ambientes
         digitais evangélicos 107

6. Para Concluir 111

7. Referências 115

1. Introdução

Nunca se falou tanto da presença e da influência de grupos religiosos na política institucional no Brasil, especialmente do segmento cristão evangélico! Seja nas campanhas eleitorais, em debates no Parlamento, nas ações do governo federal ou nas decisões judiciais, evangélicos têm sido alçados a protagonistas de muitos desses processos.

Portanto, não é difícil afirmar que há uma força evangélica na política. Nos últimos anos, também há uma presença mais intensa de grupos religiosos, muitos deles evangélicos, atuando como ativistas políticos nos mais diversos movimentos e nas mídias sociais. Nesse caso, não se trata apenas de campanhas em prol de candidatos, mas também de campanhas contra eles: alguns são demonizados por conta de sua identidade partidária ou de plataformas eleitorais libertárias. Por outro lado, políticos conservadores também são alvo de oposição de evangélicos progressistas.

Mais ainda, é crescente o número de ativistas religiosos em campanhas por temas e pautas atuais controversas.

Há militância por apoio e por oposição a propostas. A possibilidade do debate e da expressão das diferentes vozes precisa ser garantida nesse contexto democrático e aqui o lugar das mídias se reveste de importância.

Ocorre que, dado o contexto de força dos evangélicos, muitos líderes se imaginam com poder político e eleitoral e falam em nome do segmento. Fica-se com um só discurso, nesse caso, o hegemônico. Isso leva a outro ponto importantíssimo: é urgente superar a apresentação dos evangélicos como um grupo homogêneo. Ou seja, é necessário rechaçar tendências unificantes de um segmento que é mais do que plural. A Bancada Evangélica não é politicamente homogênea, bem como não o são os ativistas no espaço público.

Há líderes que instrumentalizam a religião para seus projetos de poder? Como há! Mas, nesse processo, sobretudo nas bases das igrejas, estão a fé, a crença, os sonhos e as esperanças de muita gente sincera, que acredita haver um Deus no meio de tudo isso. Por isso, religião e política devem ser discutidas, sim. Eis, pois, aqui, a importância deste livro.

Para tratar esse quadro complexo e cheio de nuances, o livro foi dividido em quatro capítulos. Os dois primeiros são capítulos descritivos e conceituais. "Quem são os evangélicos?" abre essa parte do livro. Nele, será apresentado um panorama do perfil desse segmento cristão, desde os primórdios do seu estabelecimento no Brasil até o mosaico que o compõe na contemporaneidade. Esse capítulo é finalizado com a indicação de três elementos imprescindíveis para quem deseja compreender o lugar dos evangélicos na política.

O segundo capítulo introduz o tema "Evangélicos na política", com um histórico desde as origens da presença evangélica na política partidária brasileira, passando por um panorama da política institucional após a formação da primeira Bancada Evangélica. É dada atenção ao movimento mais recente de ocupação de espaço no Poder Judiciário e à existência da significativa minoria progressista nos espaços institucionais e não-institucionais da política.

Os outros dois capítulos apresentam mais análises e interpretações do cenário recente que deu protagonismo aos evangélicos na política brasileira: a aliança com o presidente da República Jair Bolsonaro. O terceiro se dedica à compreensão das bases da relação evangélicos-governo Bolsonaro e o quarto traz três temas em frequente debate na relação evangélicos-política: a ideia da existência de um voto próprio; a polarização direita vs. esquerda; e as *fake news* no ambiente político. Esses capítulos foram construídos com base em estudos e análises da autora do livro publicados na coluna que ela assina na revista Carta Capital e em publicações na Plataforma Religião e Poder do Instituto de Estudos da Religião (ISER).

2. Quem são os Evangélicos?

Bispo Edir Macedo, Missionário R. R. Soares, Pastor Silas Malafaia, Kleber Lucas, Pastora Damares Alves, Priscila Alcântara, Pastor André Mendonça, Pastor Ariovaldo Ramos, Apóstola Valnice Milhomens, Apóstolo Estevam Hernandes, Bispa Sonia Hernandes, Bispo Valdemiro Santiago, Kleber Lucas, Pastora Cassiane, Apóstolo Rina, Pastora Romi Bencke, Pastor Henrique Vieira, Pastor Marco Feliciano. O que esses personagens religiosos, destacados em mídias brasileiras, têm em comum? São evangélicos, o segmento religioso cristão que mais se expandiu numérica e geograficamente no Brasil nas últimas décadas. Compreender o mosaico que forma esse grupo é imprescindível para quem se interessa pelas dinâmicas socioculturais e políticas que envolvem o país.

Por causa da visibilidade alcançada pela presença nas mídias tradicionais e digitais e da ocupação de espaços na política institucional do Brasil, o grupo denominado "neopentecostal" ganhou destaque. Esse processo somado à carga de desconhecimento sobre a forma de viver e expressar a fé desses cristãos, principalmente por parte da imprensa e de parcelas da Academia e da intelectualidade, levou à incompreensão e à equivocada apresentação dos "evangélicos" como um grupo religioso homogêneo e como sinônimo de "neopentecostais".

Quando se fala de "evangélicos" no Brasil, a referência, em geral, é feita ao conjunto de cristãos não católicos e não ortodoxos presentes no país. No entanto, é muito importante reconhecer que o segmento evangélico é bastante diverso. Originou-se a partir da Reforma Protestante do século 16, um movimento de múltiplas frentes lideradas pelos alemães Martinho Lutero e Thomas Müntzer, pelo francês João Calvino, pelo sueco Ulrich Zwinglio, entre outros. Elas abriram caminho para o surgimento das igrejas luteranas, reformadas (presbiterianas, congregacionais), batista, metodista e episcopal-anglicana que, a partir da Europa, se espalharam pelo mundo. Essas são consideradas, em diversos estudos, como "igrejas evangélicas históricas". No século 20, surge um outro ramo, o pentecostal, expressão de movimentos de espiritualidade popular na Europa e na Escandinávia, e de protesto contra o racismo e o classismo nas igrejas e de afirmação da população negra, migrante, feminina e pobre nos Estados Unidos.

Os primeiros evangélicos que se estabeleceram no Brasil com o intuito de fundar igrejas foram missionários estadunidenses do segmento histórico, na primeira metade do século 19. Outros grupos haviam chegado séculos antes, como os franceses huguenotes (calvinistas) no Rio e os reformados holandeses no nordeste do país, mas foram expulsos pelos colonizadores portugueses. Os primeiros que consolidaram igrejas foram os congregacionais, depois os presbiterianos, os metodistas, os batistas, os luteranos e os episcopais (de origem anglicana), todos por meio da ação de missionários dos Estados Unidos.

Dois outros grupos tiveram presença no Brasil firmada, também no século 19, por conta de processos de imigração. Primeiramente, os anglicanos ingleses e, depois, os luteranos alemães. Desses dois grupos nasceram, respectivamente, as Igrejas Anglicana (mais tarde unidas à Episcopal) e a Evangélica de Confissão Luterana no Brasil (IECLB), que construíram uma identidade imigrante com aberturas significativas à contextualização/inculturação, caso mais destacado na IECLB.

Pentecostais chegaram ao país, a partir de 1910, também pela ação de missionários das Assembleias de Deus e da Congregação Cristã do Brasil, e foram se expandindo com toda a diversidade de igrejas vindas de fora e surgidas de experiências dentro do país, como as Igrejas do Evangelho Quadrangular e a Igreja O Brasil para Cristo, entre tantas outras. Essa diversidade de expressões tornou possível a emergência de grupos bastante distintos dessas raízes, que ganharam força, a partir dos anos de 1980, e passaram a ser chamados neopentecostais. Esses são formados por inúmeras igrejas, entre elas a Universal do Reino de Deus, a Internacional da Graça de Deus e a Renascer em Cristo.

Nesse quadro tão diverso, é importante o registro de que a maior igreja evangélica do Brasil – em termos de adesão de fiéis e de abrangência geográfica –, as Assembleias de Deus, deve ser, sempre, tratada no plural. Isso porque uma das características desse grupo evangélico pentecostal é a subdivisão em "Ministérios". Os principais são o "Ministério Belém" e o "Ministério Madureira", resultantes da primeira cisão vivida pela igreja no início do século 20. Os nomes correspondem às localidades no Pará e no Rio de Janeiro, onde estavam sediadas as lideranças dos respectivos grupos. Outras cisões fizeram emergir outros "Ministérios", com os mais diferentes nomes, não necessariamente de localidades.

Há várias associações das Assembleias de Deus no Brasil, na forma de "Convenções": a mais antiga, a Convenção Geral das Assembleias de Deus no Brasil (CGADB), originou-se nos primórdios da igreja nos anos de 1920 e tem ligação com o Ministério Belém; a Convenção Nacional das Assembleias de Deus Madureira (CONAMAD) foi criada em 1989, quando o Ministério Madureira deixou a CGADB; a Convenção da Assembleia de Deus no Brasil (CADB) foi formada, em 2017, com sede no bairro de São Cristóvão (cidade do Rio de Janeiro), depois de discordâncias das igrejas do Norte do Brasil quanto aos resultados eleitorais para a diretoria da CGADB. Há ainda outras convenções, articulações que se formam à medida que as disputas se acirram entre assembleianos.

2.1 Evangélicos ou protestantes?

Uma dúvida comum é se há diferença entre as terminologias evangélico e protestante. O termo "protestante" raramente foi utilizado no Brasil para identificar cristãos não católicos e não ortodoxos. Ele acabou sendo mais empregado na Academia, por historiadores e estudiosos da Teologia e da Religião.

Para os missionários estadunidenses que trouxeram a fé protestante para o Brasil, no século 19, era importante adotar uma identificação que representasse a nova experiência vivida no país e que demarcasse uma posição diferenciada do catolicismo oficial e hegemônico. Para isso, foi escolhida a expressão "crente em nosso Senhor Jesus Cristo" ou, numa abreviação, "crente". Esse nome demarcava o processo de conversão, que era a pregação central da mensagem missionária: passava-se da incredulidade e desobediência a uma nova vida de crença e obediência. Os convertidos passavam, assim, a se autoidentificar como "crentes".

O renomado cientista da religião Antônio Gouvêa Mendonça indicava em seus estudos que, de fora, o nome "crente" era muitas vezes carregado de preconceito e até de depreciação, entretanto, de dentro, era cheio de brio e de responsabilidade. Os crentes, embora compondo um grupo sociologicamente marginal, eram respeitados pelo seu amor à paz, à ordem e ao trabalho. Assim, o nome de crente trazia consigo um compromisso transparente de ser diferente perante a sociedade.

No entanto, os missionários também tinham sua identidade, sua própria forma de se autoidentificarem: eles eram *evangelicals* (evangélicos), os adeptos do conservadorismo protestante que desejavam afirmar a sua fidelidade ao Evangelho e não à Ciência ou à razão humana, com as quais protestantes progressistas se afinavam. A corrente dos *evangelicals* foi a promotora do movimento das Alianças Evangélicas em todo o mundo. Eram associações caracterizadas pela teologia dos movimentos petistas (que enfatizavam a piedade individual na relação com Deus), fundamentalistas (que enfatizavam a defesa dos fundamentos da fé assentados na leitura da Bíblia não mediada pela Ciência) e avivalistas (que enfatizavam experiências intimistas intensas com Deus). As Alianças Evangélicas atuavam pela união de todos os protestantes a fim de formarem uma frente única de combate ao catolicismo – interpretado como único empecilho ao avanço missionário iniciado no final do século 18 – e, no período pós-Segunda

Guerra Mundial, de enfrentamento do comunismo e dos movimentos por direitos civis (negros e feministas).

A influência desse movimento alcançou o Brasil, expressivamente, no início do século 20, com o avanço dos projetos missionários protestantes em todo o mundo, patrocinados pelas Alianças Evangélicas. Muitas denominações brasileiras acrescentaram aos seus nomes a expressão "evangélica"; o termo "crente", que já havia adquirido forma pejorativa, foi, paulatinamente, substituído por "evangélico/a" para designar os fiéis e as igrejas não católicas e não ortodoxas.

Com o crescimento numérico e geográfico desse segmento e as tantas transformações vividas, em especial, com a chegada dos pentecostais no século 20, o termo "evangélico" foi cada vez mais consolidado como sua marca. A popularização dos grupos e igrejas por meio da ocupação das mídias tradicionais e digitais e a construção do mercado gospel amplificaram isso, como será tratado adiante. Fato é que, fora da Academia, não é comum o uso do termo protestante para identificar esse segmento.

2.2 O que é ser evangélico no Brasil?

No século 21, o grupo mais significativo desse mosaico religioso são os pentecostais e suas múltiplas ramificações. Eles representam a maior fatia numérica (dos 22% de evangélicos registrados no Censo de 2010, 4% são pentecostais) (TEIXEIRA, MENEZES, 2013), com presença geográfica importante, ocupação de espaço nas mídias tradicionais (rádio e TV) e intensa atuação na política partidária.

O principal elemento que diferencia evangélicos históricos dos pentecostais é que o segundo grupo toma como base de fé a doutrina teológica que defende a existência de um segundo batismo, uma experiência mística atribuída à ação do Espírito Santo, que leva os fiéis a falarem línguas estranhas como sinal de sua presença. Segundo essa compreensão, a ação do Espírito Santo sobre os fiéis também atribui dons especiais, como profecia e cura pela oração.

Entre os evangélicos históricos, com raízes nas missões dos Estados Unidos, há algumas diferenças doutrinárias referentes a formas de partilhar da eucaristia, de realizar o batismo e de reconhecer os serviços a serem desenvolvidos nas comunidades. No entanto, apesar das diferentes tradições teológicas e doutrinárias, os missionários das diferentes denominações conseguiram se estabelecer no Brasil, construindo um tipo de unanimidade em relação a suas práticas e ideias, que modelou uma forma de ser muito semelhante entre essas igrejas. E esses pontos comuns também são identificados entre os pentecostais.

Por isso, independente das peculiaridades dos distintos grupos que formam o segmento, os evangélicos brasileiros são identificados nos estudos de religião por: (1) uma leitura do texto sagrado cristão, a Bíblia, predominantemente literalista e descontextualizada; (2) ênfase na piedade pessoal na busca da salvação da alma (o que foi alterado a partir dos anos de 1980 com a teologia dos neopentecostais e sua pregação em torno da prosperidade material); (3) frequentes posturas de rejeição das manifestações culturais não religiosas; (4) um isolamento das demandas sociais (resultante da espiritualização das questões da existência individual e social), entre elas a participação política (o que foi alterado a partir dos anos de 1980, como será exposto adiante).

A imagem construída por mais de um século em torno do nome "evangélico", centrada nas práticas e ideias do protestantismo missionário dos Estados Unidos e do pentecostalismo, mostrou ao Brasil um segmento cristão primordialmente: conservador, teologicamente; desprovido de tradição litúrgica, com prática centrada na palavra e pouca ou nenhuma ênfase na comunicação visual e/ou simbólica; rígido em relação aos prazeres do corpo e à moralidade cotidiana, por meio de um rompimento com expressões culturais brasileiras; isolacionista em relação às questões sociais; anticatólico; divisionista e sectário.

Os pentecostais ainda se aproximaram de expressões culturais populares por meio da música e da expressão corporal ancorada na espontaneidade e na emoção. Isso foi facilitado por maior interação com a população empobrecida, habitante das periferias das cidades, em especial após os anos de 1930 e com intensidade a partir de 1950, período marcado pelo crescimento do êxodo rural e pelo processo de urbanização e industrialização do Brasil. Tal ação voltada para os pobres, tornou possível aos pentecostais uma presença mais enraizada na cultura, com lugar garantido para a emoção e para as expressões corporal e musical populares. Isso contribuiu para que essa vertente evangélica tivesse condições de consolidação no campo religioso, com presença geográfica e crescimento numérico mais expressivos.

Os movimentos carismáticos e de renovação espiritual (avivamento) que emergiram no Brasil mais fortemente a partir dos anos de 1960, na trilha do movimento pentecostal, ocuparam significativo espaço em todas as igrejas evangélicas históricas. O avivamento é compreendido como o processo de renovação das Igrejas promovido pelo "derramamento do Espírito Santo", ou seja, por uma experiência mística com o divino que transforma o jeito de ser e de cultuar de uma determinada comunidade. A rejeição ao avivamento, por parte de boa parcela das lideranças das igrejas históricas, promoveu cisões nos anos de 1960 e 1970 e a formação das chamadas igrejas de renovação entre presbiterianos, batistas e metodistas, especialmente. A partir dos anos de 1990, como será tratado adiante, o crescimento dos pentecostalismos passa a fortalecer os avivamentos que alcançam e transformam o jeito de ser de todas as igrejas históricas.

Em todas as igrejas, desde suas origens no Brasil, houve também líderes afeitos ao Evangelho Social, corrente teológica nascida nos EUA que prega a fidelidade ao Evangelho de Jesus por meio de atos concretos de justiça social. Tais igrejas e líderes tornaram possível a formação de evangélicos progressistas no Brasil, críticos à leitura literal da Bíblia, engajados em correntes políticas libertárias e promotores da justiça de gênero e do diálogo ecumênico. Algumas igrejas se destacaram no país por sua doutrina social baseada na leitura crítica da realidade e na promoção do bem-comum, como a Metodista, a Presbiteriana, a Evangélica de Confissão Luterana.

A partir dessas bases progressistas e ecumênicas, algumas tentativas de superação do quadro de fechamento evangélico em nome de uma presença pública comprometida com a cultura e com causas sociais ocorreram, em especial, a partir dos anos de 1940. Nesse período, houve a consolidação da Confederação Evangélica do Brasil (CEB, fundada em 1934), associação de seis das principais igrejas protestantes brasileiras: a Congregacional, a Presbiteriana do Brasil, a Presbiteriana Independente, a Episcopal, a Metodista e a Evangélica de Confissão Luterana (com adesão em 1959). A CEB representou a concretização do movimento ecumênico brasileiro (acompanhando o que ocorria no mundo desde o final do século 19 com a busca por unidade em meio à diversidade cristã) e de suas pautas referentes à responsabilidade social das igrejas.

No entanto, essas expressões de engajamento social não eram uma unanimidade nos espaços das igrejas evangélicas no Brasil, o que, diante das características acima descritas, não lhes permitia uma sintonia que as aproximasse de grupos sociais não religiosos e de sua própria diversidade. O alinhamento das igrejas com o Estado de exceção pós-1964 no país (ditadura militar) e a consequente repressão aos grupos de oposição que existiam dentro delas é retrato disso, como será tratado adiante.

O abismo que separava os cristãos evangélicos das manifestações culturais brasileiras, desde a sua chegada ao Brasil, amplificado pelas crises que alimentaram os grupos históricos de missão em toda a sua história, configurava-se um fato. É no contexto das transformações sociopolíticas, econômicas e culturais do final do século 20 que será desencadeado o desenvolvimento de um novo modo de ser evangélico no Brasil e o delineamento de uma nova cultura religiosa que promoverá uma significativa reconstrução da identidade dos evangélicos na contemporaneidade. A relação com a política faz parte dessa reconstrução.

2.3 O novo modo de ser evangélico no Brasil dos anos 2000

O mundo viveu importantes transformações de ordem sociopolítica, econômica e cultural na segunda metade da década de 1980. Elas se deram por causa do avanço do capitalismo globalizado, a chamada doutrina neoliberal, que desenhou uma nova ordem mundial. Um fato-símbolo desse momento foi a queda do Muro de Berlim (1989), que decretou o fracasso do regime socialista, o triunfo do capitalista e a emergência de uma nova era na qual se deveria esvaziar toda a intervenção do Estado na economia, privilegiar o privado, o mercado e o consumo e garantir investimento tecnológico como estratégia determinante. É o tempo de surgimentos de novas tecnologias de comunicação e informação e a internet passa a ser protagonista no processo de globalização e rompimento de fronteiras para consolidação desse sistema. Surge a figura do cidadão-mundo e o mercado e o consumo tornam-se, assim, espaços nos quais são forjados e partilhados padrões de cultura. Ao mesmo tempo, o mundo ganha uma nova divisão: pessoas e povos inseridos e participantes dessa lógica e pessoas e povos excluídos, destinados a compor a periferia de países e do mundo.

É neste contexto da passagem do século 20 para o 21 que ocorrem transformações significativas no modo ser evangélico no Brasil, a partir de quatro elementos que determinaram fortemente a relação entre religião e política: a consolidação da hegemonia pentecostal, o surgimento da cultura gospel, a segmentação mais intensa da vertente cristã evangélica e a fragmentação em ministérios.

2.3.1 A hegemonia pentecostal

Foi a partir dos anos de 1980 que o Brasil passou a experimentar o fenômeno do crescimento evangélico. Os números do Censo 2010 revelaram o que já estava desenhado no quadro religioso brasileiro: um crescimento da população evangélica no país de 9,0% em 1990, para 15,4% em 2000, chegando a 22,2% em 2010. Pesquisadores têm concluído que esse aumento do segmento evangélico não é um processo que ocorre de modo natural, mas é fruto de um projeto de expansão dos evangélicos no Brasil, aliado ao fato de que os grupos atuam separadamente, de modo desarticulado em acirrada competição. A tabela a seguir mostra os níveis desse crescimento em relação ao catolicismo e a outras religiões:

Tabela 1 – Indicadores populacionais do Brasil por religião

Anos	População total	Católicos	Evangélicos de Missão	Evangélicos Pentecostais	Evangélicos Total	Outras religiões	Sem religião
1970	93.470.306	91,8%	—	—	5,2%	2,5%	0,8%
1980	119.009.778	89,0%	3,4%	3,2%	6,6%	3,1%	1,6%
1990	146.814.061	83,3%	3,0%	6,0%	9,0%	3,6%	4,7%
2000	169.870.803	73,9%	5,0%	10,6%	15,6%	3,2%	7,4%
2010	190.755.799	64,6%	4,03%	13,30%	22.16% (incluídos os "evangélicos não-determinados" = 4,83%)	3,9%	8,0%

Fonte – IBGE (https://www.ibge.gov.br/)

Sobre "igreja evangélica não determinada" não há explicitação da parte do IBGE. Há duas possibilidades: a definição de "evangélico não praticante", da Fundação Getúlio Vargas (expressão historicamente atribuída a católicos), ou os participantes do intenso número de igrejas novas, as chamadas igrejas alternativas ou comunidades, o que trouxe um elemento novo e estimulante para a reflexão sobre o universo evangélico. O que o Censo 2010 tornou visível foi a significativa presença evangélica em termos numéricos no país e a força pentecostal no segmento.

A construção de uma hegemonia pentecostal, desenhada desde os anos de 1950, se solidifica nos anos de 1980 com o surgimento de um sem-número de igrejas autônomas, organizadas em torno de líderes, baseadas nas propostas de cura, de exorcismo e de prosperidade sem enfatizar a necessidade de restrições de cunho moral e cultural para se alcançar a bênção divina. Fundamentam-se também no recurso a elementos da matriz religiosa brasileira – das espiritualidades indígenas, do catolicismo popular, da religiosidade afrodescendente – na valorização da utilização de símbolos e de representações icônicas, rechaçados pelos evangélicos históricos. Como mencionado acima, esse pentecostalismo foi denominado em estudos acadêmicos como neopentecostalismo.

O próprio neopentecostalismo, originalmente identificado com a Igreja Universal do Reino de Deus e a Igreja Internacional da Graça de Deus, por exemplo, já viveu transformações desde anos de 1980. Nos anos 2000, ganhou espaço um pentecostalismo que buscou de adeptos da classe média, de faixa etária jovem e privilegiou a música e o entretenimento como recursos de comunicação. É o grupo das Comunidades (Evangélica, da Graça), das Igrejas Renascer em Cristo, Sara Nossa Terra, Apostólicas, entre outras.

O crescimento pentecostal passou a exercer uma influência decisiva sobre o modo de ser das demais igrejas cristãs. Para os evangélicos históricos, ele provocou incômodo em relação a um aspecto que marcou as igrejas históricas no Brasil – a estagnação e o não-crescimento numérico significativo – e promoveu uma espécie de motivação para a concorrência e busca do aumento do número de adeptos. Para os católico-romanos, representou uma ameaça, uma vez que seus fiéis eram alvo do proselitismo pentecostal, o que se manifestou no seu declínio numérico.

A influência pentecostal entre evangélicos se concretizou de maneira especial no reforço aos grupos chamados "avivalistas" ou "de renovação carismática", já mencionados neste capítulo, que têm similaridade de propostas e posturas com o pentecostalismo. Esses grupos passaram a conquistar espaços importantes na prática religiosa das igrejas evangélicas na busca de que elas recuperassem ou alcançassem algum crescimento numérico.

Elementos-chave nesse contexto são as duas correntes religiosas denominadas "Teologia da Prosperidade" e "Guerra Espiritual", embasadas na "Confissão Positiva". Elas ganharam amplo espaço no discurso e nas práticas das igrejas evangélicas e são estreitamente relacionadas à nova ordem mundial. Essas teologias pregam a inclusão social com promessas de prosperidade material ("Vida na Bênção") condicionada à fidelidade material e espiritual a Deus. Na mesma direção, prega-se que é necessário "destruir o mal" que impede que a sociedade alcance as bênçãos da prosperidade. Por isso, os "filhos do Rei" devem invocar todo o poder que lhes é de direito para estabelecer uma guerra contra as "potestades do mal".

A pregação sobre o direito a reinar com Deus e desfrutar das suas riquezas e do seu poder parece responder à necessidade de aumento da autoestima dos membros das igrejas históricas, inferiorizados pelo crescimento pentecostal e vitimados pelas políticas neoliberais excludentes. Por outro lado, a "Confissão Positiva" carrega elementos da matriz religiosa brasileira indígena, católica e afrodescendente: concebem-se pobreza, doença, as agruras da vida, qualquer sofrimento do cristão como resultado de um fracasso – concretização da falta de fé ou de vida em pecado. Individualismo e competição também se tornam palavras de ordem, no que diz respeito a pessoas ou a grupos.

Uma outra teologia disseminada com a expansão pentecostal que alcança todas as igrejas evangélicas no Brasil é a Teologia do Domínio, nascida em ambientes fundamentalistas dos Estados Unidos, nos anos de 1970. É a compreensão de que há uma predestinação de que cristãos devem ocupar postos de comando no mundo (presidências, ministérios, parlamentos, lideranças de estados, de províncias, de municípios, supremas cortes) – o domínio religioso cristão – para incidirem na vida pública e estabelecerem o governo de Deus. Os adeptos da Teologia do Domínio assimilam a Teologia da Prosperidade e da Guerra Espiritual em suas bases, no apoio ao sistema econômico e político neoliberal, com o oferecimento de fundamento religioso e uma cosmovisão cristã, a fim de sustentar a conquista de poder por parte de líderes religiosos evangélicos.

2.3.2 O surgimento da cultura gospel

Nesse contexto da virada do século 20 para o 21 emerge a cultura gospel. É o jeito de ser evangélico que nasce dessa adaptação dos novos movimentos religiosos à modernidade e da busca de sobrevivência dos evangélicos históricos. Ela é caracterizada pelo desenvolvimento de uma religiosidade midiática e midiatizada (com a intensa aquisição de espaços nas mídias tradicionais, rádio e TV, a ampla ocupação de espaços digitais e construção de um modo de ser a partir da interação com esses meios), pela identificação dos evangélicos como um segmento de mercado e pela ampliação do mercado da música e seus derivativos do entretenimento.

A cultura gospel significava, na passagem do século 20 para o 21, o alcance da modernidade pelos evangélicos. Modernidade expressa nos cultos e em toda a tecnologia da eletrônica (som e imagem) que passa a se tornar obrigatória a qualquer comunidade de fé, no comportamento dos fiéis que passam a se divertir com a própria religião, em especial por meio de shows e baladas gospel e de megaeventos que marcam visibilidade do segmento nas grandes cidades (como a Marcha para Jesus pelas ruas de diferentes cidades, capitaneada, há dezenas de anos, pela Igreja Renascer em Cristo) e no surgimento das tribos e grupos alternativos que serão descritos a seguir.

Esse jeito moderno na forma de ser religioso trouxe ainda mais visibilidade para os evangélicos por meio das adesões de celebridades (artistas, esportistas, políticos e afins) que passam a se apresentar como fiéis desse segmento religioso. A cultura gospel é fortemente ancorada nos movimentos avivalistas, que têm como base as teologias da Prosperidade, da Guerra Espiritual e do Domínio.

Esse é um fenômeno em curso que torna a presença evangélica na esfera pública mais intensa, ainda mais, recentemente, por meio da ocupação cada vez maior de espaço nas mídias não-religiosas, em especial pelo aquecimento do mercado evangélico da música, também fortalecido pela abertura de gravadoras não-religiosas ao gênero gospel. A divulgação de eventos evangélicos no noticiário não religioso, aspecto antes inexistente, tornou-se prática comum.

Emerge nesse contexto o investimento em atividades de assistência social, ênfase nunca antes tão intensa entre evangélicos quanto nas últimas décadas. Diversas igrejas, grupos e celebridades do segmento passam a investir em trabalhos sociais e, na lógica empresarial da "responsabilidade social", lançam mão da ação social para conquistar maior número de consumidores/adeptos, ou como *marketing* pessoal/institucional para construir imagem positiva com o grande público.

2.3.3 A segmentação evangélica

Um fenômeno social que alcançou a reconfiguração do modo de ser evangélico é a segmentação, a formação de "tribos". "Tribos" são agrupamentos sociais formados a partir de identidade étnica, religiosa, do nível de condição financeira, de escolaridade e de expressões culturais. São organizadas com base no compartilhamento de modos de vida, formados por atitudes, padrões de consumo, gostos, crenças e vínculos de sociabilidade. Maior destaque já foi dado a tribos como os *punks* e as *drag queens*, frequentemente referidos como exemplos do mundo urbano contemporâneo, mas há outros grupos e, dentre eles, os evangélicos. São agrupamentos de pessoas organizados a partir da identidade evangélica – aqueles/as que se converteram ou aderiram a uma agremiação evangélica. Essas tribos podem ser divididas em dois tipos: aqueles formados pelo compartilhamento de uma prática social já existente fora do campo religioso e os que são constituídos dentro do próprio ambiente evangélico, em torno de igrejas alternativas.

O primeiro grupo compõe-se de pessoas que compartilham práticas como o esporte (surfistas, atletas), a expressão artística (artistas e admiradores da música, da pintura, do cinema, do teatro, da dança) ou a vida alternativa (ecologistas, *punks*, rastafaris). Surgem, assim, grupos como os "roqueiros de Cristo", os "surfistas de Cristo", os "atletas de Cristo" – esses possuem até uma associação –, os "capoeiristas de Cristo", os "artistas de Cristo" que buscam formas próprias de viver a religião, de acordo com o seu repertório e práticas, e têm uma interpretação própria de elementos doutrinários clássicos. A leitura bíblica é um exemplo. Realizada por praticantes do esporte, a Bíblia do Surfista, editada pela Sociedade Bíblica do Brasil (2014), transforma Jesus Cristo "no maior surfista que já existiu (...) [pois] em meio ao desespero dos discípulos, Jesus andou sobre as águas e ensinou Pedro a domar as altas ondas" (SURFE, 1999).

Apesar de sofrerem críticas dos mais tradicionalistas, que questionam o uso do *piercing*, por exemplo, muito comum entre os roqueiros, ou do cabelo rastafari, mais associado à cultura afrodescendente, houve apoio suficiente para as tribos evangélicas se manterem e ampliarem sua presença no cenário religioso evangélico brasileiro.

As tribos evangélicas do segundo grupo formam as Igrejas ou Ministérios alternativos, nascidos dentro do próprio ambiente evangélico. Um deles é a Bola de Neve *Church*. Iniciada em 1993, em suas congregações, os cultos são caracterizados pela informalidade, com linguagem marcada por gírias, com "louvores" em ritmo de *rock* e *reggae*. A Bola de Neve *Church* surgiu de um grupo que se desligou da Igreja Renascer em Cristo e atrai um público formado, em boa parte, por surfistas e adeptos de esportes radicais – práticas que são incentivadas nas programações propostas pela igreja. Além da Bola de Neve, há diversas outras comunidades evangélicas alternativas como as igrejas *underground*, as igrejas de garagem e as igrejas inclusivas, essas últimas tendo como público-alvo a população LGBTI+.

2.3.4 A fragmentação em ministérios

No amplo processo de fragmentação dos evangélicos estão os ministérios. O nome "Ministério", historicamente utilizado no contexto das Assembleias de Deus e suas divisões políticas, conforme citado anteriormente, tornou-se jargão do gospel que prosperou pelas mídias e alcançou as igrejas nos anos de 1990. "Ministério", termo da Bíblia, vem da palavra latina *ministerium* e quer dizer "serviço das coisas divinas – a Deus e ao santuário". A expressão é aplicada a funções clérigas e leigas. Ministros, portanto, são todos aqueles que servem.

O uso do termo na cultura gospel transformou o sentido, passando a ser atribuído a cantores alçados a pessoas com autoridade e a igrejas autônomas, criadas por iniciativas geralmente individuais ou familiares. Com isso, uma parcela significativa dessas lideranças introduziu no cenário evangélico, por meio de uma forte estratégia de disseminação – mídia e programas (congressos, palestras, cursos e seminários) –, um novo discurso e um novo papel para elas, cujo eixo central é o "avivamento espiritual".

A partir dessa lógica predominante na cultura evangélica dos anos de 1990, um significativo número de igrejas centrou suas atividades na música, que ganhou *status* de parte central dos cultos. Alguns desses "ministros" alcançaram espaço em mídias, tornaram-se celebridades e ganharam *status* e poder. Nomes de bandas como "Diante do Trono", "Casa de Davi" e de cantores como Kleber Lucas, Cassiane, entre muitos outros, tornaram-se referência para um significativo número de evangélicos e suas igrejas.

Para gozar de ampla aceitação, o conteúdo das canções que doutrinam e formam esses novos cristãos, aborda temas atraentes às expectativas de fiéis – como em todo processo comercial –, ancorados nas Teologias da Prosperidade e da Guerra Espiritual: obter de Deus conquistas e sucesso na vida, fim do sofrimento, felicidade na família, saúde, guerra contra inimigos. Para isso, ensina-se que é preciso "fazer por onde" com ações de "determinação", que passam por "sacrifícios" de oração, jejum e ofertas e cobrar a retribuição de Deus, que deve ser fiel depois de tudo "depositado aos pés do trono", para atender às expectativas descritas acima. A isso se somam as ações sociais de alívio das mazelas da vida e o *marketing* social, como mencionado anteriormente.

É nesse contexto que emergem inúmeras organizações eclesiais denominadas "Ministérios", alguns com nomes simbólicos como "Ministério Catedral do Avivamento", "Ministério Apascentar", "Ministério Comunidade Cristã"; outros com os nomes dos próprios fundadores como "Ministério Joyce Meyer" ou "Ministério Flordelis".

2.4 Três coisas de que é preciso saber

2.4.1 *"Os evangélicos" não existe*

Como descrito acima, evangélicos não são um grupo homogêneo, mas uma gama de igrejas cristãs, grupos e tendências doutrinárias e teológicas que têm raízes (cultivadas ou não) na Reforma Protestante do século 16 e compõem um grande mosaico de complexa compreensão.

Historicamente, os evangélicos brasileiros se constituíram conservadores na teologia e na relação com a sociedade. Por conservadorismo evangélico entenda-se a posição que pauta os princípios da fé e do comportamento cristão pela leitura literal, seletiva, dos escritos da Bíblia. Por isso, rejeita interpretações teológicas que passem pela contextualização da leitura do texto sagrado e pela mediação das ciências. O conservadorismo evangélico pleiteia para si o cristianismo verdadeiro, recusando o diálogo ecumênico e com setores não-religiosos.

No entanto, a hegemonia conservadora entre evangélicos não impediu a formação de uma base progressista, fundamentada em leitura bíblica contextualizada, ecumênica, com ênfase na responsabilidade social das igrejas. Apesar de serem marginais tanto nos espaços das igrejas quanto nas mídias religiosa e não religiosa, são uma minoria importante, cuja atuação é expressiva em muitas regiões do Brasil e é ancorada em uma história de evangélicos que deram a vida pela justiça, como ocorreu durante a ditadura militar, o que está relatado no Relatório Final da Comissão Nacional da Verdade (2014). Esses cristãos estão nos movimentos sociais, no enfrentamento da pobreza, nas causas dos indígenas, da negritude, das mulheres, da juventude. São invisibilizados pelas mídias noticiosas, mas têm forte ativismo nas mídias digitais.

2.4.2 Evangélicos não têm representantes, porta-vozes

Evangélicos são cristãos com estrutura organizacional diferente dos católicos romanos e também diferentes entre si. Algumas igrejas têm estrutura de governo por assembleias representativas colegiadas ou independentes, outras são centralizadas em um líder, geralmente o fundador.

Não há uma estrutura que reúna evangélicos. Há associações de igrejas por afinidades doutrinárias e teológicas (conselhos, convenções), de pastores, de organizações de serviço social, mas são diversas, respondem a articulações de determinados grupos e não podem falar pelos evangélicos na sua ampla diversidade.

Dado o contexto de força política desse grupo hoje, muitos líderes têm falado em nome do segmento, sendo ouvidos por mídias noticiosas. É uma armadilha na qual jornalistas e analistas da conjuntura caem, proporcionando vez e voz a figuras que se beneficiam do palanque do noticiário, que dão um único tom ao discurso evangélico, que é hegemonicamente conservador, mas não exclusivamente.

2.4.3 As igrejas e pastores midiáticos são uma parcela do segmento, não o todo

As igrejas e pastores que mais têm visibilidade entre evangélicos são as midiáticas. Possuem veículos de mídia, compram espaços em grades de emissoras de rádio e TV, fazem amplo uso de mídias sociais. Alguns desses grupos já nasceram midiáticos e sua existência está relacionada à presença nas mídias. São uma parcela significativa do segmento, quase a totalidade dela é relacionada às diferentes vertentes do pentecostalismo e a igrejas históricas avivadas (pentecostalizadas), como a Batista da Lagoinha, de Belo Horizonte/MG. No entanto, não é correto afirmar que esses são os evangélicos brasileiros e que falam por eles. Apesar da visibilidade, as igrejas e pastores midiáticos são uma parcela de um todo muito mais amplo e complexo.

Na ausência do Censo 2020, a fonte mais qualificada e recente com números referentes ao quadro das religiões no Brasil é o Datafolha. Em pesquisa desse instituto, realizada em dezembro de 2019 e publicada em 2020, os evangélicos alcançam 31% da população (29% a 33% com a margem de erro de 2%). Segundo o Datafolha, o perfil do segmento é formado por maioria de mulheres (57%), de negros (pretos e pardos, 59%), com renda até três salários-mínimos (69%), com escolaridade média (49%), espalhados em todas as regiões do Brasil, com mais concentração em grandes cidades (BALLOUSSIER, 2020).

Esse perfil predominantemente feminino, negro e pobre compõe as milhares de congregações cristãs evangélicas espalhadas Brasil afora, que lidam com o cotidiano das comunidades e representam uma rede de apoio para muita gente, especialmente onde o Estado negligencia atenção. São espaços religiosos que valorizam as pessoas, que são conhecidas pelo nome, que têm a palavra e sentem-se valorizadas por serem capazes de oferecer seus dons nos diferentes serviços que as igrejas realizam. O que uns chamam de alienação, torna-se terapia, o único espaço que algumas pessoas invisíveis à sociedade têm para serem ouvidas e valorizadas.

É fato que não é possível explicar em um poucas linhas o mosaico evangélico e sua complexidade. Entretanto, nestes parágrafos fica registrado o desafio para quem se dispõe a expor conteúdo sobre esse grupo religioso: sair do senso comum, da caricatura construída por jornalistas e analistas da conjuntura que caíram na armadilha de quem se autointitula representante daqueles que não o reconhecem como tal e ir além.

Qualquer busca de compreensão sobre o alargamento da presença dos evangélicos na esfera pública brasileira é instado a levar em conta a conjunção de fatores contextuais descrita neste capítulo. É esse processo, que provoca transformações da relação entre evangélicos e política, que será abordado no capítulo a seguir.

3. Evangélicos na Política – um Histórico

A referência para se abordar a consolidação da presença evangélica na política do Brasil são as eleições para o Congresso Nacional Constituinte, em 1986, marca do período de redemocratização pós-ditadura militar (1964-1985). Esse evento representa a formação da primeira Bancada Evangélica no Parlamento, com o expressivo número de 32 parlamentares eleitos naquele pleito, em comparação com a legislatura anterior (1982-1986), que teve 14 deputados federais do grupo religioso. As eleições de 1986 se tornam ainda mais significativas se considerarmos o número total de evangélicos na Câmara Federal desde 1933 (quando foi eleito o primeiro evangélico, o pastor metodista Guaracy Silveira) até o Congresso Constituinte, empossado em 1987: 50, nas 13 legislaturas.

Os responsáveis por essa guinada numérica foram os evangélicos pentecostais: de 3 representantes nas legislaturas anteriores a 1987, passaram a ter 18 dos 32 eleitos para o Congresso Constituinte. Explicações para essa demonstração inédita de força política podem ser encontradas, primeiro, nas compreensões religiosas que formam a identidade evangélica, já expostas neste livro; segundo, no contexto sociopolítico brasileiro pós-ditadura militar; terceiro, nas transformações no campo religioso evangélico, também já expostas. Para além desses elementos, importa ainda ressaltar que a noção de participação política aqui não se restringe à partidária, o que será considerado adiante.

3.1 As origens da presença evangélica na política partidária brasileira

Como tratado no capítulo anterior, a identidade dos evangélicos foi assentada no isolamento em relação à sociedade. Ela foi calcada primordialmente na compreensão da separação igreja-mundo (sendo a primeira o lugar do bem e o segundo, do mal), na moral predominantemente individualista e na não-preocupação com as "questões terrenas", que estão na origem do protestantismo no Brasil e permanecem na formação do jeito de ser dos evangélicos. Isso resultou na forte tendência de se pensar a presença da igreja relacionada apenas ao objetivo da pregação espiritualizada da mensagem cristã, com fins de conversão, da adesão de novos fiéis e da salvação da alma. Isso se refletiu, ao longo do tempo, nas atividades das igrejas, na maioria voltadas para a vida interna das congregações e na máxima "crente não se mete em política".

Nessa compreensão, as mudanças sociais no país não viriam por meio da ação política, mas pela conversão das pessoas aos preceitos de Deus. A participação política dos crentes era desestimulada e, em alguns casos, proibida. Deveria se restringir ao cumprimento das obrigações cidadãs, como o voto e o respeito e obediência às autoridades. Isso se ancorava na interpretação dos escritos do apóstolo Paulo na Bíblia, de que toda autoridade provém de Deus, e de Martinho Lutero, com sua doutrina baseada na compreensão da existência de dois reinos – o espiritual/de Deus e o secular/temporal/do mundo.

Esa postura predominou até os anos de 1930, com a quase inexistência de políticos evangélicos. O pesquisador do tema Paul Freston identificou em seus estudos que, na República Velha (1989-1930), houve três parlamentares vinculados ao Protestantismo no Catálogo Biográfico de Senadores: Alfredo Ellis (Luterano, filho de imigrantes, 1903-1925), Érico Coelho (Igreja Evangélica Brasileira, 1906-1909, 1914-1918) e Joaquin Nogueira Paranaguá (Igreja Batista, 1896-1906).

Na Era Vargas, com a campanha eleitoral de deputados para a Assembleia Constituinte, em 1933, lideranças evangélicas iniciaram uma empreitada para alistamento de candidatos para, exclusivamente, defenderem os interesses do segmento na redação da nova Constituição. Esses líderes identificaram uma estratégia de aproximação da Igreja Católica com o governo, naquele período, como "um sinal amarelo". Os católicos, de fato, trabalhavam para recuperar espaços de poder perdidos com a República e para impedir o avanço dos concorrentes religiosos.

A Confederação Evangélica do Brasil, que estava sendo gestada (foi formalmente fundada em 1934), lançou um documento, em 1932, em oposição à Liga Eleitoral Católica (LEC). Por meio dele, convocou os evangélicos a se manifestarem politicamente e a se organizarem para ganhar representatividade na Assembleia Constituinte e para defenderem a laicidade do Estado e do ensino público e sua gratuidade, o divórcio, o pacifismo e a liberdade de pensamento e de crença, entre outros elementos. Foram lançadas 29 candidaturas de evangélicos, todas independentes, sem apoio oficial das respectivas igrejas.

Nesse contexto se deu a eleição do primeiro deputado evangélico do Brasil: o pastor metodista Guaracy Silveira, pelo Partido Socialista Brasileiro (PSB) de São Paulo. Em 1946, por causa de conflitos ideológicos, Silveira deixou o PSB e foi eleito deputado uma segunda vez, agora pelo Partido Trabalhista Brasileiro (PTB), que ajudou a fundar. Em 1948, o metodista liderou a criação e tornou-se presidente do Partido Republicano Trabalhista (PRT), que passou a contar com a participação predominante de evangélicos e marca uma tendência identificada nas pesquisas de Paul Freston de que a classe política evangélica, em nível nacional, revelava inclinação para o trabalhismo.

Em 1950, os evangélicos conseguiram eleger mais de um deputado federal. No entanto, o que destacaria a participação evangélica no Congresso Nacional seria a defesa da pauta de interesses desse segmento, em especial em oposição à influência católica na vida nacional. Essa presença na política ficou marcada por posturas de apoio irrestrito às autoridades políticas constituídas, pela omissão na defesa dos direitos humanos e da democracia e pelo apoio à Doutrina de Segurança Nacional, com rejeição ao comunismo e aos posicionamentos de esquerda.

Os estudos de Paul Freston também mostram que até o Congresso Constituinte pós-ditadura militar (1987-1988), as igrejas evangélicas históricas revezaram-se como maioria entre os parlamentares evangélicos: Metodista (1933-1951); Presbiteriana (1951-1975); e Batista (1975-1987). Durante a ditadura militar houve um evangélico presidente da

República, o general Ernesto Geisel (da Igreja Evangélica de Confissão Luterana no Brasil), e dois governadores de Estado vinculados ao segmento, nomeados pelos militares: Geremias Fontes, no Rio de Janeiro, em 1966, presbiteriano; e Eraldo Gueiros Leite – integrante de uma tradicional família de presbiterianos – procurador geral da Justiça Militar e ministro do Superior Tribunal Militar nos primeiros anos do regime, indicado pelo presidente Médici para o governo de Pernambuco entre 1971-1975.

O predomínio pentecostal na política partidária passa a ser fato a partir de 1987 e são as Assembleias de Deus que se tornam maioria na Bancada Evangélica até a legislatura 2019-2022, quando foi redigido este texto. O momento coincide com o crescimento numérico e geográfico dos Pentecostalismos no Brasil, como exposto no capítulo anterior, e abre caminho para o ativismo político do segmento que marca os anos 2000.

Esse mergulho pentecostal na esfera política foi instigado pelo clima em torno do período pós-ditadura e da redação da nova Constituição. Como ocorreu em 1932, foi reavivado o temor de que a Igreja Católica ampliasse seus privilégios pelo Estado.

O sentimento em vigor pode ser expresso por meio de dois exemplos. Um seminário intitulado "Os evangélicos e a Constituinte", promovido pela Ordem dos Ministros Batistas do Rio de Janeiro, foi realizado em 1985. O documento final da reunião, datado de 29 de novembro daquele ano, expressava a defesa da separação entre a Igreja e o Estado, o respeito às liberdades e aos direitos humanos; pedia um tratamento equânime, da parte do Estado, para todos os credos e confissões religiosas e registrava "abominação" a quaisquer tipos de privilégios.

O segundo exemplo foi um texto encaminhado ao Presidente da República José Sarney, por uma comissão de pastores e parlamentares evangélicos, em 3 de dezembro de 1985, defendendo pautas como liberdade religiosa e preservação da autonomia Igreja/Estado.

Por isso, a estratégia de evangélicos de ocupar espaço na esfera pública deve-se a ações que visavam não permitir o alargamento dos privilégios aos católicos. Porém, não só. Se os evangélicos abandonavam seu isolacionismo da política partidária com vistas a neutralizar um inimigo religioso, havia também outro alvo: inimigos laicos. A redemocratização pós-ditadura militar trazia consigo a revitalização dos movimentos sociais, que também tinham pautas para a nova Constituição Cidadã e buscavam a ampliação de direitos às chamadas minorias: mulheres, homossexuais, indígenas e negros (e com eles, suas religiões). Esses grupos apresentavam temas como a legalização das drogas, o direito ao aborto, ao casamento homossexual, ao casamento como contrato civil. A defesa da moral cristã, da família e dos bons costumes passa a ser vista como missão das igrejas evangélicas na esfera da política partidária e um lema surge no segmento: "irmão vota em irmão". Algumas igrejas, primordialmente as pentecostais, passam a indicar oficialmente seus próprios candidatos.

Soma-se a isso, ainda, um outro elemento: o anticomunismo, sentimento cultivado desde os anos de 1930 e amplificado no período que levou o apoio evangélico ao golpe de 1964. Com a legalização dos partidos comunistas em 1985 (Partido Comunista Brasileiro, criado em 1922 e tornado ilegal em 1946, e Partido Comunista do Brasil, criado por dissidência do primeiro, em 1962), grupos de evangélicos temiam a potencialização da ameaça comunista e uma consequente perseguição religiosa. Uma presença no Congresso Constituinte era vista como freio para essa ameaça, representada por toda a esquerda partidária, cujas bandeiras se afinavam com os ideais comunistas e também com os de feministas, homossexuais, "maconheiros" e "macumbeiros", conforme o imaginário evangélico.

Embala essa nova postura uma concepção do papel histórico dos evangélicos como (o verdadeiro) povo de Deus, que tem a missão de salvar pessoas da incredulidade, levando-as à salvação em Cristo. Nesse sentido, emerge a pregação de que "irmãos votando em irmãos" tornaria possível que aqueles que são fiéis ao Evangelho, os evangélicos, influenciassem nos novos rumos do país, que seriam decididos com a nova Constituição, e ainda impedissem que incrédulos tornassem o caminho do Brasil o da perdição. Como foi indicado no capítulo anterior, a Teologia do Domínio deu forte embasamento a essa perspectiva.

Nesse sentido, como afirma Paul Freston em seus estudos, a entrada dos evangélicos na política, em especial os pentecostais, é um "ato de defesa cultural": uma reação a mudanças no ambiente social que ameaçavam a cultura religiosa evangélica. Porém, é também um ato de afirmação de um grupo que se vê em crescimento numérico e geográfico, em fraca conquista no campo econômico-financeiro, vivenciador de um *momentum* no contexto da redemocratização do país. Significou a construção da capacidade de evangélicos reivindicarem acesso à esfera pública institucional, assim como de outros segmentos sociais emergentes a saírem da invisibilidade, recriando sua identidade de minoria política e de subcultura religiosa para a de um grupo-alvo influente.

A atuação da primeira bancada no Congresso Constituinte 1986-1989 foi marcada pelo fisiologismo e pela farta distribuição de estações de rádio e canais de TV aos deputados evangélicos (com estreita relação com a ampliação da presença de evangélicos nas mídias no período), entre outras práticas de corrupção, o que será exposto a seguir. Nesse contexto, a presença pentecostal foi determinante, bem como a construção de projetos políticos por parte de igrejas como a Universal do Reino de Deus (IURD) e as Assembleias de Deus, que passaram a ser detentoras do maior número de congressistas evangélicos, o que resultou em mais ampliação do controle de mídias concedidas.

As duas igrejas foram as que ganharam mais força eleitoral ao longo das décadas aqui descritas. A IURD com a ocupação do Partido Republicano do Brasil (PRB), depois Republicanos, e as Assembleias de Deus com a ocupação prioritária do Partido Social Cristão (PSC). São elas as que apresentam um projeto de incidência na política institucional, com formação de quadros políticos, indicação de candidatos e organização de campanhas. A Convenção Geral das Assembleias de Deus no Brasil (CGADB) tentou, a partir de 2014, ter seu próprio partido, o Republicano Cristão (PRC), mas não conseguiu assinaturas suficientes entre sua membresia.

Políticos vinculados às demais igrejas, tanto do ramo pentecostal quanto do ramo histórico, estão espalhados em diferentes partidos. Pesquisas, como as da Plataforma Religião e Poder, do Instituto de Estudos da Religião, indicam a tendência de candidatos evangélicos ocuparem, prioritariamente, partidos identificados com a direita política em pleitos eleitorais.

3.2 Um panorama pós-Congresso Constituinte de 1988

A Bancada Evangélica na Câmara Federal (1987-1990) estabelecida no Congresso Constituinte (1987-1988), com seus 32 deputados vinculados a 14 diferentes igrejas, foi classificada como suprapartidária pelo então presidente da República José Sarney (PFL) quando se reuniu com ela em audiência especial em 1987. No entanto, um elemento trazia unidade aos deputados: o perfil ideológico conservador. Apenas seis integrantes eram identificados como progressistas.

Com esse perfil, a Bancada Evangélica Constituinte logo passou a integrar o grupo batizado de "Centrão", uma articulação suprapartidária de parlamentares com perfil conservador (centro e direita) criada no final de 1987 para dar apoio às plataformas defendidas pelo presidente José Sarney. Dos seus 18 coordenadores, 2 eram evangélicos (Daso Coimbra, do Partido do Movimento Democrático Brasileiro [PMDB/RJ], pertencia à Igreja Congregacional; e Eraldo Tinoco, do Partido da Frente Liberal [PFL/BA], da Igreja Batista).

O Centrão foi o provocador de uma reviravolta no processo constitucional quando conseguiu alterar as normas regimentais que organizavam o trabalho do Congresso. Por meio de ações que uniram lideranças conservadoras do PMDB, PFL, Partido Democrata Social (PDS), PTB, Partido Liberal (PL) e Partido Democrata Cristão (PDC), assegurou a vitória a Sarney em pelo menos dois temas de seu interesse: o sistema de governo presidencialista e o mandato de cinco anos (para "transição").

O governo não obteve apoio do Centrão somente pela afinidade ideológica. Sarney utilizou o poder da União de realizar concessões de radiodifusão como moeda de troca por votos. Os integrantes da Bancada Evangélica estavam entre os mais beneficiados com as negociações: sete ganharam concessões de rádio e dois de TV. Mateus Iensen (PMDB/PR), da Assembleia de Deus, autor da emenda que permitiu a prorrogação do mandato de José Sarney de quatro para cinco anos, foi favorecido com uma das outorgas de rádio. Entre os evangélicos constituintes, 76% votaram a favor da emenda, enquanto Sarney recebeu 59% dos votos do plenário.

O interesse dos evangélicos por maior ocupação de espaço nas mídias estava expresso no perfil da Bancada, que tinha 18 de seus integrantes com vínculos com meios de comunicação: 2 eram ex-diretores do Departamento Nacional de Telecomunicações (Dentel); 15 dirigiam ou haviam dirigido programas religiosos de rádio; 4, programas de televisão; e 4 eram proprietários de rádios. O projeto dos evangélicos na obtenção de rádios e TVs contou ainda com o deputado batista Arolde de Oliveira (PFL/RJ), que se tornou presidente da subcomissão de Comunicação. Oliveira, liderando 11 outros evangélicos que participaram do grupo, teve papel crucial na criação de obstáculos para avanços na legislação referente às concessões de radiodifusão e à democratização das mídias. Após essa legislatura como parlamentar, que foi a segunda de muitas, Arolde de Oliveira, tendo recebido de Sarney uma concessão de rádio, se tornou um dos maiores empresários de mídia religiosa do Brasil.

A ampla divulgação do fisiologismo da Bancada Evangélica nos noticiários somada à ausência de uma mística, como a Constituinte, são consideradas as possíveis causas para a diminuição da presença evangélica entre os eleitos para a legislatura 1991-1994: foram 23 deputados. Tal recado do eleitorado não foi suficiente para a redução dos escândalos envolvendo políticos das igrejas naquele período, pois, já no primeiro ano de mandato, o deputado batista Jabes Rabelo (PTB/RO) foi cassado por suspeita de ligação com o narcotráfico. O ano de 1993, marcado pela atuação da Comissão Parlamentar de Inquérito do Orçamento (investigação do recebimento de propina para aprovação de emendas e favorecimentos pessoais nos repasses de verbas), conhecida como a CPI dos Anões do Orçamento, evidenciou os nomes dos deputados evangélicos citados no caso de corrupção: Manoel Moreira (PMDB/SP), da Assembleia de Deus (que renunciou ao cargo para escapar da cassação); João de Deus Antunes (Partido Democrático Trabalhista, PDT/RS), da Assembleia de Deus; Mateus Iensen (PMDB/PR), da Assembleia de Deus; Eraldo Tinoco (PFL/BA), da Igreja Batista; e Levy Dias (PFL/MS), da Igreja Presbiteriana do Brasil. No mesmo ano, o escândalo que gerou a CPI das Fraudes do INSS envolveu o nome do deputado Francisco Silva (PDC/RJ), proprietário da rede de rádios Melodia, da Igreja Cristo em Casa (nome do programa de rádio que o promoveu).

Apesar do insucesso dos evangélicos para ocupar vagas no Congresso Nacional no pleito de 1990, o fiel da Igreja Cristã Evangélica, Iris Rezende (PMDB), foi eleito o primeiro governador evangélico do Brasil pelo estado de Goiás. Em 1989, Rezende havia sido lançado pelo pastor Manoel Ferreira, líder da Assembleia de Deus/Ministério Madureira, para disputar, nas prévias do PMDB, a candidatura à Presidência da República para as eleições de 1989, mas perdeu a indicação para Ulisses Guimarães.

Na eleição seguinte, em 1994, os evangélicos mantiveram-se na faixa das duas dezenas de deputados, com 27 eleitos, apesar do projeto de duplicação manifestado pelos parlamentares, mas alcançaram a novidade de eleger dois senadores, entre eles Iris Rezende, que se tornou Ministro da Justiça do governo do presidente Fernando Henrique Cardoso (Partido Social Democrático Brasileiro, PSDB).

Para a legislatura 1999-2002, o grupo amplia, de fato, sua representatividade no Congresso, com 51 deputados federais eleitos. Destacam-se as eleições para o governo do Estado do Rio de Janeiro, em que foi vencedora uma chapa evangélica: o presbiteriano Anthony Garotinho (PDT), como governador, e a assembleiana Benedita da Silva (Partido dos Trabalhadores, PT), como vice. Garotinho deixou o cargo em 2002 para se candidatar à Presidência da República, pelo PSB, alcançando mais de 15 milhões de votos, tendo ficado em terceiro lugar na disputa.

Nas eleições de 2002, foram 58 deputados eleitos e mais 3 novos senadores. Foi na legislatura 2003-2006 que a bancada buscou sua consolidação como força no Congresso Nacional, o que resultou na criação da Frente Parlamentar Evangélica (FPE) em 2004, seguindo a orientação da Casa para a regulamentação da formação de frentes parlamentares.

Para a legislatura 2007-2010, houve uma queda no número de eleitos: 40 deputados federais e 2 senadores. Essa redução pode ser resultado do escândalo das "sanguessugas", também conhecido como "máfia das ambulâncias", uma investigação da Polícia Federal, em 2006, sobre desvio de dinheiro público destinado à compra de ambulâncias. Vários deputados da Bancada Evangélica foram acusados, entre eles o bispo da Igreja Universal do Reino de Deus, Carlos Rodrigues (PL/RJ), que chegou a ser preso.

No entanto, como resultado da força adquirida pelos políticos evangélicos durante os mandatos do Presidente Luís Inácio Lula da Silva (PT), nas eleições de 2010 (Legislatura

2011-2014) o grupo foi ampliado para 73 congressistas de 17 igrejas diferentes, 13 delas pentecostais, tendo sido eleita a primeira mulher Presidente da República, Dilma Rousseff (PT). Os evangélicos se destacaram na campanha com a candidatura à Presidência da ex-senadora, pelo PT, Marina Silva, ligada às Assembleias de Deus, então pelo Partido Verde (PV). Marina Silva alcançou a terceira colocação, tendo sido apresentada como candidata de terceira via, como alternativa à polarização Dilma Rousseff *versus* José Serra (PSDB).

Foi nesse período que se fortaleceu a presença evangélica no Poder Executivo, com a nomeação, por Dilma Rousseff, de dois ministros de Estado evangélicos, pela primeira vez na história da República: o senador Marcelo Crivella (Partido Republicano do Brasil, PRB/RJ, bispo da IURD), como Ministro da Pesca, e o deputado George Hilton (PRB/MG, bispo da IURD), como Ministro do Esporte.

Os projetos dos integrantes da Bancada Evangélica no Brasil raramente interferiam na ordem social e se revertiam em "praças da Bíblia", criação de feriados para concorrer com os católicos, benefícios para templos e obstaculização de avanços no tocante a direitos sexuais. Uma checagem dos partidos aos quais a maioria dos políticos evangélicos estava afiliada e os recorrentes casos de fisiologismo já explicavam essa dinâmica. Esse quadro muda a partir da segunda década dos anos 2000.

Uma das mais significativas conquistas de poder político-partidário dos evangélicos deu-se nas eleições de 2014 (Legislatura 2015-2018). No pleito que reelegeu Dilma Rousseff, foram vitoriosos 88 deputados federais evangélicos e foram reeleitos 3 senadores. A candidatura de Marina Silva foi repetida, dessa vez pelo PSB (após a morte de Eduardo Campos, de quem Marina Silva era vice na chapa do partido).

A ex-senadora teve expressiva votação, alcançando o terceiro lugar, chegando a ser considerada concorrente ao segundo turno. Emergiu também a candidatura do Pastor Everaldo (PSC), com a defesa de pautas como o Estado mínimo, a terceirização do trabalho (relativização das leis trabalhistas brasileiras) e a revisão da Previdência Social.

Nesse período, se deu o fortalecimento do poder de evangélicos no Legislativo, com a ascensão do deputado Eduardo Cunha (PMDB/RJ), eleito Presidente da Câmara Federal. Cunha, figura política já influente em décadas anteriores, foi bastante destacado na legislatura anterior como líder do PMDB, comandando forte oposição ao governo de Dilma Rousseff (apesar de seu partido pertencer à base aliada). Membro da Assembleia de Deus/Ministério Madureira a partir de 2015, depois de estar vinculado por mais de dez anos à Igreja Sara Nossa Terra, Cunha usou do poder para facilitar a liderança e a atuação de deputados evangélicos em comissões especiais, criadas e recriadas por ele, para acelerar a tramitação e desarquivar projetos de lei e de emendas constitucionais elaborados por congressistas do grupo. Entre elas, a Comissão Especial do Estatuto da Família, que se opôs explicitamente aos avanços dos direitos da população LGBTQIA+ e dos direitos das mulheres, projeto que teve seu texto principal aprovado pela comissão em setembro de 2016 para ser apresentado ao plenário e ser definitivamente votado, o que não se concretizou até a redação deste texto.

Eduardo Cunha foi também figura-chave no processo de *impeachment* da Presidente Dilma Rousseff, em 2016, estimulado pelos partidos de oposição ao final do resultado das eleições de 2014, que haviam garantido a ela o segundo mandato. Em guerra contra o governo desde o primeiro período de Rousseff no poder, Cunha foi eleito Presidente da Câmara, no início de 2015, já com a plataforma de aprovação do pedido de *impeachment*. Ele facilitou todo o processo. Como nada foi provado contra a presidente no escândalo de corrupção da Petrobrás (Operação Lava Jato da Polícia Federal, deflagrada em 2014), a acusação passou a ser de crime de responsabilidade contra a lei orçamentária (manejos nas contas públicas para evitar déficits fiscais, apelidados de "pedaladas fiscais", prática comum em governos anteriores). Um dos pedidos apresentados à Câmara Federal, pelo jurista Hélio Bicudo, foi aceito por Cunha em 2 de dezembro de 2015, levando Dilma Rousseff à perda do mandato em 31 de agosto de 2016.

Apenas dois meses depois, em outubro de 2016, Eduardo Cunha foi cassado pelo plenário da Câmara com votação expressiva, acusado de ter mentido à Comissão Parlamentar de Inquérito da Petrobrás, tendo negado a existência de contas suas na Suíça. Foram 450 votos a favor, 10 contra e 9 abstenções. Dias depois, o deputado foi preso pela Operação Lava Jato, demarcando um processo de ascensão e queda sem precedentes na história da participação de evangélicos na política.

Ao final de 2016, o ano marcado por relevantes acontecimentos políticos no país envolvendo o *impeachment* da Presidente da República e séries de escândalos de corrupção de políticos, a IURD alcançou importante vitória na disputa por espaços políticos proeminentes: elegeu o Prefeito da Cidade do Rio de Janeiro, o ex-senador e ex-ministro da Pesca Marcelo Crivella, bispo licenciado da igreja e sobrinho de seu líder maior, o bispo Edir Macedo. Crivella havia concorrido à Prefeitura do Rio em outros dois pleitos (2004 e 2008) e ao Governo do Estado do Rio duas vezes (2006 e

2014); foi eleito senador em 2002 e reeleito em 2010. Em 2016, disputou o segundo turno das eleições, pelo Partido Republicanos, contra Marcelo Freixo, do Partido Socialismo e Liberdade (PSOL), marcando uma polarização entre conservadorismo (direita) e progressismo (esquerda) expressa no tom da campanha de ambos.

A eleição de Crivella foi vista por muitos como ameaça ao Estado laico, por sua forte identificação com a IURD, ameaça aos direitos de mulheres, negros e LGBTQIA+, por suas posições conservadoras quanto aos direitos de gênero e à liberdade religiosa e por ser canal para influência ainda mais intensa do bispo Edir Macedo no espaço político brasileiro. Os quatro anos em que esteve no poder acabaram confirmando essas suspeitas e a gestão de Marcelo Crivella foi desastrosa. Como resultado, ele não alcançou a reeleição em 2020.

No governo assumido pelo vice-presidente de Dilma Rousseff, Michel Temer (2016-2018), a IURD manteve seu poder na ocupação de ministérios de Estado na pessoa do bispo Marcos Pereira (PRB/SP) ocupando o Ministério da Indústria e do Comércio. Foi nesse governo que, pela primeira vez, um pastor da Assembleia de Deus assumiu um Ministério: Ronaldo Nogueira de Oliveira (PTB/RS), na pasta do Trabalho.

Entretanto, nas eleições nacionais de 2018, o poder político-partidário dos evangélicos tornou-se ainda mais visível. As maiores forças eleitorais entre evangélicos, a IURD e as Assembleias de Deus, decidiram apoiar o candidato da extrema-direita Jair Bolsonaro (Partido Social Liberal, PSL), o ex-capitão do Exército que saiu do pleito vitorioso. Mais uma vez, Marina Silva foi candidata – pela Rede Sustentabilidade, partido que fundou –, tendo, no entanto, votação inexpressiva. Para o Legislativo, foram eleitos 116 deputados federais e 9 senadores ligados a igrejas evangélicas. A vitória de Jair Bolsonaro e sua aliança com setores do pentecostalismo e do conservadorismo entre evangélicos históricos deu ao segmento um protagonismo nunca alcançado no Poder Executivo, favorecendo a ocupação de outros espaços no Legislativo e no Judiciário. Uma abordagem desse quadro do período mais recente será exposta no próximo capítulo.

3.3 Ocupação de espaço político no Poder Judiciário

Como foi descrito até aqui, observa-se uma ampliação da ocupação de espaços nos Poderes Legislativo e Executivo por evangélicos ao longo de quase quatro décadas, com a consolidação da hegemônica Bancada Evangélica no Congresso Nacional e a crescente participação de evangélicos no governo federal. Um elemento novo tem sido a destacada presença de religiosos protagonizando processos no Poder Judiciário, seja pela messianização de funções, pela exposição de decisões judiciais pautadas por princípios religiosos ou por pressões pela indicação de um ministro do segmento para o Supremo Tribunal Federal.

A Operação Lava Jato, do Ministério Público Federal, merece destaque nesse ponto, por representar o deslanchar de um protagonismo evangélico no Poder Judiciário. Com grande repercussão nas mídias, é considerada a maior operação de investigação de corrupção e lavagem de dinheiro do Brasil, por meio da Polícia Federal e do Ministério Público Federal (perante a Justiça Federal de Curitiba, de onde partiram as averiguações), envolvendo a companhia estatal de petróleo, a Petrobrás. A partir 2014, quando foi iniciada a operação, uma extensa lista de doleiros, empresários e políticos foram investigados, vários deles considerados réus e alguns tendo sido presos.

Um dos principais personagens da Operação Lava Jato foi o procurador Deltan Dallagnol. Evangélico, membro da 1ª Igreja Batista de Curitiba, pastoreada por Paschoal Piragine Jr., Dallagnol, que no seu perfil do Twitter apresenta-se como "Seguidor de Jesus", traçou como estratégia o envolvimento de igrejas na cruzada de "combate à corrupção" que decidiu empreender a partir da Lava Jato. O procurador percorreu diferentes igrejas, apresentado como "servo de Deus" e "irmão", pregando sermões, fazendo palestras e colhendo assinaturas para uma campanha do Ministério Público Federal (MPF) denominada "Dez medidas de combate à corrupção", que buscou endurecer a legislação relativa a esse tipo de crime. O projeto chegou ao Congresso Nacional, em 2016, com mais de dois milhões de assinaturas. Porém, não obteve aprovação.

A Lava Jato foi a primeira grande investigação de corrupção envolvendo políticos e o Estado brasileiro que teve como um de seus protagonistas um evangélico, que colocou seu engajamento religioso como fonte e estratégia de ação, ganhando caráter messiânico, de salvação da nação, e, por meio disso, arrebanhou adeptos para as suas causas.

A Operação Lava Jato chegou a prender, pela primeira vez na história do Brasil, um ex-presidente, Luiz Inácio Lula da Silva (2018). No entanto, um processo de vazamento de mensagens trocadas entre o juiz Sérgio Moro e os procuradores do MPF, obra de *hackers* que deram acesso ao material recolhido para a imprensa, expôs uma série de ilegalidades praticadas pela Operação. Com a exposição dos atos ilegais, ficou caracterizado abuso de poder dos procuradores e parcialidade do juiz federal na produção de provas contra o ex-presidente Lula, que se candidataria à presidência da República em 2018, pelo PT. Como consequência, a prisão de Lula tirou-o do processo eleitoral e favoreceu a vitória de Jair Bolsonaro, que acabou nomeando Sérgio Moro como Ministro da Justiça do novo governo. A exposição das ilegalidades da Operação Lava Jato levou o Supremo Tribunal Federal a apreciar os recursos da defesa de Lula e decidir, em 2021, pela suspeição dos atos do juiz Sérgio Moro e pela anulação das condenações impostas ao ex-presidente.

Deltan Dallagnol, em 2021, pediu exoneração do MPF para se filiar ao Partido Podemos, com objetivos de candidatura para o pleito de 2022. A mesma trajetória havia sido trilhada por Sérgio Moro, que, tendo-se desligado do governo Bolsonaro em 2020, se apresentou como candidato à Presidência da República pelo Podemos, para o pleito de 2022.

A atuação de lideranças com identidade religiosa no Poder Judiciário não representa algo novo, mas marcou a segunda década do século 21 por causa do ativismo político evangélico a partir da Operação Lava Jato e da exposição pública de alguns juízes e procuradores. Nesse contexto nasceu a Associação de Juristas Evangélicos (ANAJURE). Christina Vital tem dedicado estudos, desde 2017, sobre esse grupo específico de religiosos que, via judiciário, busca pautar o debate público de acordo com seus interesses. A criação da noção de que há "cristofobia" no Brasil, por exemplo, tem sido reforçada pelas ações desses juristas, em nome das noções de "liberdade religiosa", "liberdade de expressão" e "liberdade de consciência" para um ativismo judicial com base no sistema evangélico de crenças no Brasil.

O ativismo político evangélico no Poder Judiciário foi intensificado em 2021, com a indicação de um ministro vinculado ao segmento para o Supremo Tribunal Federal pelo presidente Jair Bolsonaro. Trata-se do cumprimento da promessa feita por Bolsonaro, em 2019, num evento com lideranças religiosas, de indicar um ministro "terrivelmente evangélico". De acordo com o discurso bolsonarista, a expressão significa, fundamentalmente, defender a pauta ultraconservadora de costumes – diga-se o controle da sexualidade dos cidadãos e cidadãs – e a garantia de que a única ideologia a ser defendida no espaço público é a da direita política. O indicado, com aprovação no Senado Federal seguindo o protocolo, foi o ex-ministro da Justiça e ex-Advogado Geral da União, pastor da Igreja Presbiteriana do Brasil, André Mendonça.

3.4 Evangélicos progressistas: uma minoria significativa

Nesse quadro de predominância conservadora descrito, em relação ao lugar ocupado pelos evangélicos na política institucional, importa perguntar pelos progressistas: quem são? onde estão?

No primeiro capítulo, já foi reconhecida a existência histórica de grupos de evangélicos mais abertos a um engajamento cristão voltado para as dimensões da justiça social e da dignidade do ser humano, para além da ênfase na moralidade econômica e sexual ou da competição com católicos na ocupação do espaço que demarcaram na política. Foi verificado que, desde os primeiros grupos de evangélicos organizados no país, no século 19, é possível encontrar lideranças nesse perfil.

O primeiro expressivo defensor de um Protestantismo sintonizado com as questões nacionais foi Eduardo Carlos Pereira. Ele se converteu à fé protestante em 1875 e tornou-se pastor presbiteriano. Sua pregação nacionalista (já em oposição ao domínio empreendido pelos missionários estadunidenses) começa em 1884, quando cria a "Sociedade Brasileira de Tratados Evangélicos". A sociedade publicava literatura de propaganda protestante (brochuras escritas por pastores brasileiros) e mantinha-se com recursos nacionais. A iniciativa visava servir às denominações protestantes e não permitia a publicação de qualquer controvérsia entre elas. Em 1886, a sociedade publicou uma brochura em favor da abolição da escravatura, tendo recebido apoios e críticas.

Esse processo, somado a outros fatores de cunho doutrinário, levou à fundação, por Eduardo Carlos Pereira, da Igreja Presbiteriana Independente, em 1903, caracterizada como uma igreja nacionalista. O mesmo processo de nacionalização alcançou todas as denominações histórias, que pouco a pouco tornaram-se independentes das norte-americanas na primeira metade do século 20.

Outras lideranças evangélicas atuavam em programas sociais que extrapolavam as fronteiras denominacionais e eclesiásticas, como já exposto no capítulo anterior. Essa brecha predominantemente isolacionista aberta no protestantismo brasileiro tornou possível maior aproximação à sociedade e maior atenção às demandas sociais comunitárias. A partir de 1934, a articulação dessas atividades deu-se por meio da fundação da Confederação Evangélica do Brasil, que uniu ação social com reflexão teológica e sociopolítica.

Os ideais de unidade e responsabilidade sociopolítica e o novo pensamento teológico encontraram uma síntese na atuação dos movimentos de juventude evangélica (estudantil e no interior das igrejas). Esses movimentos formaram lideranças expressivas para as igrejas e para o movimento ecumênico nacional e internacional durante os anos de 1910 a 1960 e realizaram atividades que transformaram a atuação do Protestantismo no Brasil, como os acampamentos de trabalho social em áreas empobrecidas. A memória desse período destaca também a União Cristã Estudantil do Brasil (UCEB) e o Departamento de Juventude da CEB, que ganharam expressão internacional.

Os movimentos progressistas evangélicos nunca alcançaram apoio unânime entre as lideranças do segmento, por causa do histórico modo de ser desse segmento religioso, mais preocupado com a salvação das almas e com o resguardo dos cristãos da "contaminação das impurezas" deste mundo. As reações alcançaram o auge na repressão interna e externa às igrejas durante a ditadura militar no Brasil.

O Volume II do Relatório Final da Comissão Nacional da Verdade (2014), registra que, na ditadura militar, 28 evangélicos foram presos porque resistiram ao regime na defesa da democracia. Destes, 18 foram torturados: um missionário metodista, quatro metalúrgicos metodistas, dois professores (uma metodista e um presbiteriano), um operário deputado estadual presbiteriano, sete estudantes (seis metodistas e um presbiteriano), um sociólogo presbiteriano, um seminarista presbiteriano, um trabalhador rural pentecostal. Foram sete os mortos e desaparecidos forçados.

A abertura política alcançada no Brasil, na passagem dos anos de 1970 para 1980, representou também transformações na dinâmica das igrejas evangélicas. As lideranças abriram lentamente os espaços de poder, o que permitiu que algumas lideranças afastadas durante a ditadura recuperassem espaço de ação. Alimentada pela Teologia da Libertação em evidência, era possível constatar a presença evangélica, por meio de igrejas, grupos ou indivíduos, nos movimentos sociais e populares, partidos de esquerda e sindicatos. Os espaços de diálogo com as Comunidades Eclesiais de Base da Igreja Católica (catolicismo progressista) fortaleciam essa perspectiva. Em 1982, foi criado o primeiro conselho de igrejas do Brasil, o Conselho Nacional das Igrejas Cristãs (CONIC), associação das principais igrejas evangélicas históricas (exceto a Congregacional e a Batista) e a Igreja Católica, fruto da articulação de grupos ecumênicos que atuaram na clandestinidade no período anterior.

Emerge também nesse período, o denominado "movimento *evangelical*": lideranças evangélicas de várias partes do mundo e identificadas com a corrente do fundamentalismo bíblico se uniram, em 1974, em torno de um congresso, na cidade suíça de Lausanne, no que se chamou "Pacto de Lausanne". Essas lideranças não se identificaram com as propostas do movimento ecumênico, especialmente as que se abriam ao diálogo com a Igreja Católica Romana e com outras religiões, interpretadas como "liberais", que se abrem ao encontro com grupos que são, de fato, alvos da evangelização cristã. Esse movimento centra seus princípios na radicalidade da orientação da Bíblia, na figura do Cristo como centro da salvação humana e na evangelização do mundo (conversão ao cristianismo evangélico), que deve incluir a ação social e a defesa da democracia. O movimento *evangelical* tem sua versão latino-americana enfatizada nos congressos realizados no continente, nos anos de 1980, que geraram a denominada "Teologia da Missão Integral", corrente que busca enfatizar o caráter social da missão da igreja, independente do recrutamento de membros (conversão).

O movimento *evangelical* no Brasil ganhou fortes expressões nos anos de 1990, com o surgimento das duas organizações, já mencionadas no capítulo anterior, criadas em reação à forma como se delineava a presença evangélica na política pela Bancada na Câmara Federal: o Movimento Evangélico Progressista (MEP), mais voltado para a presença nos partidos, e a Associação Evangélica Brasileira (AEVB).

O MEP surgiu, em 1990, como uma tentativa de evidenciar publicamente uma posição política diferente da que era exposta como conservadora e fisiologista pela Bancada Evangélica e por lideranças de algumas igrejas, primordialmente as pentecostais. O nome MEP, explicado na cartilha divulgada no lançamento da proposta, expunha a articulação como um movimento informal, suprapartidário, evangélico (leia-se *evangelical*, conservador na teologia, afirmando a Bíblia, a evangelização, a conversão e a oração) e progressista (comprometido com mudanças estruturais). Acrescente-se que ele nasceu como um movimento articulador de pessoas e não de organizações.

Um tema fundamental trabalhado pelo MEP era a ética na vida pública. O movimento buscou ser uma articulação dos evangélicos que se filiavam e se candidatavam em partidos, sindicatos e movimentos progressistas, em busca de ações comuns e visibilidade social. Um dos propósitos era superar a noção de que ser evangélico era ser politicamente conservador e de que evangélicos não poderiam participar de partidos e movimentos progressistas. O movimento articulava fóruns de discussão e entendimento entre evangélicos e partidos progressistas (TRABUCO, 2017), nos quais políticos não-religiosos participavam dos debates.

O MEP perdeu força nos anos 2000. Apesar de ter continuado a realizar eventos em suas articulações regionais e ainda existir em algumas delas, não tem mais a expressão alcançada nos anos de 1990.

Outra articulação resultante das controvérsias em torno da Bancada Evangélica no Congresso Constituinte e suas práticas fisiológicas foi a Associação Evangélica Brasileira (AEVB), iniciada em 1988. Uma das motivações foi o episódio que envolveu o recobramento da Confederação Evangélica do Brasil (CEB), pela Bancada Evangélica. A CEB teve suas atividades encerradas por causa da repressão da ditadura militar e seus reflexos nas igrejas nos anos de 1960, mas não desapareceu como pessoa jurídica. Em 1987, deputados pentecostais da Bancada, principalmente das Assembleias de Deus, trabalharam para criar uma nova diretoria para a CEB. Ao ressuscitá-la, o grupo passou a divulgar a instituição, colocando-a no patamar da Confederação Nacional dos Bispos do Brasil (CNBB) e reivindicando o repasse de verbas federais nos mesmos moldes. Isso foi prontamente atendido, em especial, às vésperas das negociações por votos da proposta dos cinco anos de mandato para o Presidente José Sarney. Foram abertos 18 escritórios regionais da CEB, nos estados aos quais os deputados pentecostais pertenciam, que também receberam verbas. A maioria das igrejas históricas ficou indiferente a essas negociações e algumas se manifestaram hostis ao caso. No entanto, a "farra da CEB" chegou ao fim em 1989 dentro do próprio processo que a iniciou: depois da promulgação da nova Constituição e aprovados os cinco anos de mandato para José Sarney, o repasse de verbas cessou.

Essa situação foi denunciada com forte ênfase pelas grandes mídias de notícias. O Jornal do Brasil chegou a listar 15 acusações de fisiologismo e de corrupção da Bancada Evangélica.

A cobertura das mídias causou incômodo e indignação em vários líderes evangélicos, que realizaram reuniões e produziram manifestos em protesto por tal postura de seus "irmãos em Cristo" no Parlamento, cujas práticas eles deploravam. Apesar de o movimento unir ecumênicos e evangelicais, a AEVB seguia na linha de se colocar à distância dos políticos religiosos, pelas divergências teológicas históricas. Nesse sentido foi criada a associação, quando já existia o Conselho Nacional de Igrejas Cristãs (CONIC, fundado em 1982), mas com as características do movimento *evangelical* de reunir pessoas e não instituições.

A AEVB torna-se, então, uma associação de lideranças evangélicas, com o objetivo de melhorar a imagem pública do segmento religioso, desgastada pela atuação da Bancada Evangélica e pelos escândalos financeiros que envolviam igrejas do pentecostalismo crescente. A AEVB perdeu força no final dos anos de 1990, quando seu líder, o pastor Caio Fábio de Araújo Filho, foi envolvido em denúncias de corrupção na instituição que presidia, a Fábrica da Esperança, no Rio de Janeiro (1998), e por causa de seu envolvimento amoroso fora do casamento, ainda mais fortemente criticado, diante do perfil teológico conservador que era base do grupo.

Herdeiras do movimento ecumênico que sobreviveu e resistiu à ditadura militar no país, ONGs que praticam o ecumenismo de serviço, criadas nos anos de 1980, ainda se encontram em atividade em ações de solidariedade com pessoas que vivem na linha da pobreza, de formação ecumênica de mulheres e jovens com ênfase nos temas contemporâneos, como direitos da juventude, direitos de gênero (mulheres e população LGBTQIA+), superação do racismo e superação da intolerância religiosa. Entre elas, estão a

Diaconia (com sede em Recife/PE), a Coordenadoria Ecumênica de Serviço (CESE, com sede em Salvador/BA), a Koinonia Presença Ecumênica e Serviço (com sede no Rio de Janeiro) e a Rede Ecumênica de Juventude (REJU, com sede em São Paulo). O Conselho Nacional de Igrejas Cristãs (CONIC), já citado neste estudo, é também uma referência ecumênica, representando igrejas cristãs em várias situações que envolvem a política nacional.

Herdeiras do movimento *evangelical*, há ONGs evangélicas de serviço, como, a mais expressiva, Visão Mundial, braço brasileiro de uma organização internacional que atua, especialmente, em situações de enfrentamento da pobreza. Há lideranças ligadas à Visão Mundial, com formação na linha da Missão Integral e com vínculos com os antigos MEP e AEVB.

Outra organização que atua no contexto do movimento *evangelical* é a Rede Nacional de Ação Social (RENAS), que reúne grupos e instituições evangélicas que realizam projetos de intervenção social, vários em parceria com governos. A Rede Fale é uma articulação de jovens, criada em 2002, inspirada no modelo da inglesa "*SPEAK Network*", com membros e ex-membros da Aliança Bíblica Universitária do Brasil (ABUB), um braço do movimento *evangelical* brasileiro. A Rede Fale propõe ações em torno de causas sociais e se articula com outros movimentos e organizações que lutam por direitos e justiça, com intervenções em períodos eleitorais, como a campanha contra o "Voto de Cajado" (voto influenciado por lideranças pastorais).

Os políticos identificados como progressistas na bancada evangélica do Congresso Nacional sempre foram um número muito reduzido e chegam a pouco mais de uma dezena em todas as legislaturas desde o Congresso Constituinte.

Entre políticos candidatos ao Poder Executivo, destaca-se Marina Silva (Rede) como progressista. Sua formação cristã tem por base a Teologia da Libertação (Comunidades Eclesiais de Base da Igreja Católica, no Acre). Filiada ao PT, assumiu as políticas de esquerda do partido e se tornou senadora, em 1994. Converteu-se à Igreja Evangélica Assembleia de Deus, em Brasília, quando estava no Senado, nos anos 2000. Tornou-se ministra do Meio Ambiente no primeiro governo Lula e, como já citado, foi candidata à Presidência da República nos pleitos de 2010, 2014 e 2018, tendo alcançado nos dois primeiros significativa votação.

A partir de 2016, com o *impeachment* de Dilma Rousseff e o avanço de movimentos conservadores que levaram à eleição de Jair Bolsonaro à Presidência em 2018, emergiram novas articulações evangélicas progressistas. Entre elas está a Frente de Evangélicos pelo Estado de Direito – que levou à formação do movimento Bancada Evangélica Popular (BEP) – e o Cristãos contra o Fascismo (CCF), que lançaram candidaturas progressistas em partidos de esquerda e centro-esquerda nas eleições municipais de 2020.

Pesquisa do Instituto de Estudos da Religião (ISER) dedicada à compreensão dessa mobilização progressista para as eleições de 2020 (VITAL DA CUNHA, MOURA, 2021), identificou 80 candidaturas evangélicas de esquerda vinculadas ao BEP e ao CCF, em oito capitais do país. O perfil dessas candidaturas é, majoritariamente, de jovens, negros, com uma prevalência de mulheres, vinculados movimentos em torno das questões da terra, rural e urbana, da ecologia, das questões raciais e de gênero. Entrevistas da pesquisa identificaram que essas pessoas se desvincularam de igrejas e se engajaram, posteriormente, em comunidades evangélicas pequenas, muitas mantidas de modo bastante fluido e informal.

O número de 80 candidaturas articuladas, identificadas na pesquisa do ISER, é significativamente minoritário diante do total de 13.074 candidaturas com identidade religiosa no nome de urna que remetem ao universo cristão, com ampla maioria de evangélicos, levantadas no mesmo estudo. É registro muito pequeno também diante dos 2.086 desse grupo que concorreram por partidos de esquerda e centro-esquerda, e menor ainda se considerado que apenas 10 dos 80 candidatos e candidatas evangélicos progressistas foram eleitos nas oito capitais pesquisadas.

A presença evangélica nos movimentos sociais, com participação política não-institucional, é mais intensa. Uma força está nas ações por justiça racial. O Movimento Negro Evangélico surgiu nos anos de 1970, a partir da Comissão Nacional de Combate ao Racismo, com o pastor metodista Antônio Olímpio de Sant'Anna. Essa ação, nos anos de 1980, se ampliou com a adesão de lideranças de outras igrejas, o que contribuiu para formação da Comissão Ecumênica Nacional de Combate ao Racismo (CENACORA), que foi incorporada ao Conselho Nacional de Igrejas Cristãs (CONIC). Outras organizações evangélicas negras surgiram na década de 1980, como a Associação Evangélica Palmares, o Fórum de Mulheres Negras Cristãs, a Sociedade Cultural Missões Quilombo e os Negros Evangélicos de Londrina.

Nos anos 2000, no rastro da ampliação das políticas públicas pelos direitos da população negra no governo de Luiz Inácio Lula da Silva, observa-se uma significativa ampliação do número de organização evangélicas em torno da negritude em todo o país. Em comum, esses grupos reivindicavam não apenas a superação do racismo no interior das igrejas, mas também a afirmação dos direitos dessa parcela da população.

A mobilização por justiça racial entre evangélicos, a partir dessa memória, é hoje formada por uma diversidade de coletivos ativos em distintos estados do Brasil. São várias as pastorais negras em igrejas locais, organizações como a Aliança de Negras e Negros Evangélicos do Brasil (ANNEB), Cuxi Coletivo Negro Evangélico, a Rede de Mulheres Negras Evangélicas do Brasil, coletivos de mulheres negras como Zaurildas (SP) e Pérolas Negras (ES), e também núcleos do Movimento Negro Evangélico do Brasil que estão situados em Pernambuco, Minas Gerais, Bahia, Paraíba, São Paulo, Rio Grande do Sul, Paraná e Rio de Janeiro.

Em relação à temática de gênero, a memória dos anos de 1980-1990 destaca a contribuição do movimento ecumênico, via Associação Internacional de Teólogos e Teólogas do Terceiro Mundo (ASETT) e Conselho Mundial de Igrejas, com a Década Ecumênica de Solidariedade das Igrejas com a Mulher (1988-1998), com acolhida pelo Conselho Nacional de Igrejas Cristãs no Brasil (CONIC), que, por meio de várias ações, enfatizou a valorização da mulher como cidadã nas igrejas e na sociedade.

A ordenação de pastoras evangélicas, em especial metodistas, luteranas e anglicanas, acompanha essa dinâmica. Nas últimas décadas, foram abertos espaços para o pastoreio por mulheres entre presbiterianas e batistas. O pastoreio por mulheres abriu caminho para a defesa dos direitos de gênero.

Nessa linha, há coletivos como Evangélicas pela Igualdade de Gênero (EIG), Movimento Social de Mulheres Evangélicas do Brasil (MOSMEB) e Frente Evangélica pela Legalização do Aborto. A interseccionalidade se manifesta por meio de grupos como a Rede de Mulheres Negras Evangélicas.

No tocante aos movimentos pela diversidade sexual, as barreiras históricas mais intensas quanto ao reconhecimento da homoafetividade não impediram que, nos anos 2000, emergissem movimentos ecumênicos como o "Jesus Cura a Homofobia" e o "Evangélicxs pela diversidade". Ainda nesse contexto, surgiram as chamadas "igrejas inclusivas", voltadas para acolher a população LGBTQIA+ e suas famílias, quase todas lideradas por pastores e pastoras homotransafetivas +.

Em 2019, foi realizado o "1º Congresso Igrejas e Comunidade LGBTI+". O evento, inédito nessa ênfase, tratou o tema "Diálogos Ecumênicos Para o Respeito à Diversidade" e foi organizado pela Paróquia da Santíssima Trindade (Anglicana) e pela ONG Koinonia Presença Ecumênica e Serviço, em parceria com o Instituto Anglicano de Estudos Teológicos São Paulo (IAET), com a Diocese Anglicana de São Paulo, com a Igreja da Comunidade Metropolitana (ICM), com a Rede Nacional de Grupos Católicos LGBT, com a ONG internacional Christian Aid Brasil e com a Prefeitura de São Paulo.

O movimento ecumênico no Brasil também tem um histórico de atuação em defesa da democracia e de direitos que permeou o século 20, com a Confederação Evangélica do Brasil, extinta durante a ditadura militar, e seu herdeiro, o Centro Ecumênico de Informação (CEI), que teve atuação importante pela justiça nos anos de chumbo, com base nos princípios da fé cristã. O Projeto Brasil Nunca Mais, uma articulação ecumênica contra a tortura nesse período, que se tornou a primeira Comissão Nacional da Verdade do país, é expressão significativa desse movimento.

O Fórum Ecumênico ACT Brasil (FEACT), formado em 2003 por 23 organizações baseadas na fé (incluídas CESE e Koinonia Presença Ecumênica e Serviço, herdeira do CEI), promove ações pelo Estado Democrático Laico e de Direito, em uma perspectiva ecumênica de ênfase no cuidado com a Terra. O FEACT integra a Aliança ACT, uma coalisão global que reúne 151 organizações baseadas na fé e em igrejas que trabalham juntas em mais de 125 países.

No campo evangélico, organizações de serviço, como a Visão Mundial e o *Tear Fund*, têm aberto caminhos para atuações em defesa dos direitos humanos e do meio ambiente com base na fé, com intensa presença na Amazônia. Na defesa dos direitos da Terra, coletivos, como a Coalizão Evangélicos pelo Clima, têm emergido com processos de formação, em especial para jovens, com amplo uso dos espaços digitais. O projeto Fé no Clima, do Instituto de Estudos da Religião (ISER), soma-se a essa lista, procurando articular grupos de diferentes confissões religiosas identificados com a defesa dos direitos da Terra em encontros de reflexão e formação.

A Frente Evangélica pelo Estado de Direito (FEED) já citada, criada em 2016 por evangélicos progressistas de diferentes denominações para se colocar contra o *impeachment* de Dilma Rousseff, organizou atos públicos em várias cidades e estabeleceu núcleos de atuação em diferentes estados. Desde então, articulou parcerias com o Movimento dos Trabalhadores Rurais Sem Terra e com o Movimento dos Trabalhadores Sem Teto, com mobilização para eventos presenciais e virtuais.

Para fazer frente ao ativismo jurídico fundamentalista, mencionado no item anterior, surgiu, em 2020, a Rede Cristã de Advocacia Popular (RECAP) para servir aos movimentos populares, entidades sociais e igrejas com apoio e assessoramento jurídico militante na defesa de direitos humanos, sociais e coletivos. A RECAP se define cristã, mas afirma-se evangélica, sendo um de seus objetivos "Conectar e capacitar profissionais e estudantes da área do Direito, comprometidos com as causas populares, que tenham como ponto em comum a fé cristã evangélica". (RECAP, s.d)

Essas são algumas das muitas articulações de evangélicos no Brasil que, com base em sua concepção religiosa, defendem os direitos humanos, econômicos, culturais, ambientais e sexuais, com ênfase no enfrentamento da pobreza, na justiça de gênero, na superação do racismo e da intolerância religiosa, na educação crítica e de qualidade e na justiça alimentar.

Essas expressões dão continuidade à corrente progressista antiga entre evangélicos brasileiros (desde a chegada dos missionários no século 19), que podem ser identificadas com mais intensidade a partir dos anos de 1950. Apesar de marginais, por serem fonte de desconfiança das esquerdas do país, de deboche da maioria conservadora evangélica e desprezadas pelas mídias de notícias, tais expressões se potencializaram durante a ditadura militar. Como afirma o cientista político Joanildo Burity (2010), tornaram-se "uma minoria inegavelmente importante". O pesquisador avalia que a questão-chave de confrontação entre os conservadores e os progressistas evangélicos se dá em torno da medida em que deve se exercer uma regulação estatal sobre o corpo, particularmente a sexualidade: aborto, homossexualidade e manipulação genética.

Joanildo Burity (2010, on-line) afirma, ainda, que o embate entre conservadores e progressistas se refere a um

> acerto de contas entre fé evangélica e pluralismo sociocultural, esposado por diversas formas de esquerda não ou pós-marxista influenciadas pelos

movimentos de direitos civis, estudantil, feminista, ecológico e gay dos anos de 1960 em diante, que ganharam visibilidade desde fins da década de 1980.

Aqui é possível acrescentar a essa lista a dimensão inter-religiosa plural, que desafia a fé evangélica a se posicionar quanto ao direito à liberdade de crença da parte de todas as religiões, superando-se a demonização do diferente e o proselitismo exclusivista.

Essas pautas demarcam nitidamente a distinção entre conservadores e progressistas, acompanhando o que se define na ciência política em torno desses termos, que, em outras abordagens, podem ser denominados como conservadores e liberais, conservadores e libertários e afins.

Vale lembrar que o nome "progressista" pode ser apropriado de forma oportunista, como é o caso do Partido Progressista Reformador (PPR, depois Partido Progressista, PP), formado no Brasil, em 1993, de uma dissidência de um dos partidos mais conservadores e antidemocráticos do país, originado na ditadura militar, o Partido Democrático Social (PDS). Uma chave importante para pensar o progressismo evangélico no Brasil é a ultrapassagem dos temas clássicos restritos ao relevante alívio da pobreza, na perspectiva de que a complexidade vida demanda muito mais.

4. O Protagonismo Evangélico no Governo de Jair Bolsonaro (2018-2021)

"Nunca na história deste país" o segmento cristão evangélico esteve tão em evidência no espaço público. Isso se deve à história recente da ocupação significativa dos Poderes do Estado, em especial, no plano nacional, exposta no capítulo anterior. Em síntese: no Legislativo, desde 1987, com a formação da "Bancada Evangélica" no Parlamento; no Executivo, com a nomeação de Presidente e governadores de estados durante a ditadura militar e de ministros de Estado a partir dos anos 2000, amplificada com o atual governo de Jair Bolsonaro; e no Judiciário, com a maior visibilidade de agentes em diferentes instâncias.

Porém, o que se tornou destaque na história recente da política brasileira é o apoio ao governo Bolsonaro por parte de expressiva parcela de lideranças evangélicas e suas igrejas. Lideranças evangélicas – majoritariamente pentecostais, mas também de outros ramos – e uma parcela significativa de fiéis do segmento empenharam-se na campanha eleitoral de

2018 pela eleição do ex-capitão. Houve forte identificação com o discurso de Bolsonaro em torno da defesa da família tradicional e do combate à corrupção com tom religioso, emoldurado com textos da Bíblia, que superou até mesmo a rejeição à postura violenta e pouco cristã do candidato.

Há diversas avaliações de que os evangélicos foram os responsáveis pela eleição de Bolsonaro em 2018, afinal ele alcançou 67% dos votos válidos do segmento. Uma alta aprovação do candidato. De fato, o voto de evangélicos foi fundamental nesse processo eleitoral e a campanha de Bolsonaro priorizou estratégias voltadas para atingir esse segmento. No entanto, há significativas análises que chamam a atenção para a dimensão qualitativa, para além dos números, com base no perfil dos eleitores do ex-capitão, no qual estão inseridos os evangélicos.

O apoio eleitoral caiu ao longo do governo Bolsonaro, mas uma pesquisa do Instituto Datafolha (2021), divulgada em 17 de dezembro de 2021, indicava os evangélicos entre os grupos que mais aprovavam o governo, com 32% (um total de 22% de entrevistados classificava o governo como ótimo/bom).

De fato, a aliança com a parcela evangélica de perfil conservador continua sendo uma importante base de apoio para um governo federal desarticulado e sem projetos de apelo popular. A aliança teve início em 2013, com o apoio de Bolsonaro ao pastor Marco Feliciano (à época PSC/SP) na presidência da Comissão de Direitos Humanos e Minorias da Câmara Federal, e se consolidou em 2016, com a filiação de Bolsonaro ao PSC (ocupado pela Assembleia de Deus). O compromisso foi materializado ainda em 2016, logo após o *impeachment* de Dilma Rousseff, em batismo no Rio Jordão, pelas mãos do Pastor Everaldo – presidente do partido à época, mas preso em 2020, acusado de corrupção –, apesar de Bolsonaro continuar se apresentando publicamente como católico.

Como candidato, o presidente foi muito bem instruído no discurso que alimentou a pauta de costumes em sua campanha eleitoral, afetando fortemente o imaginário evangélico conservador calcado em pilares como a proteção da "família tradicional", a defesa da heteronormatividade, o controle dos corpos das mulheres e a formação da juventude.

Para um segmento religioso que, no decorrer do século 20, almejou espaços de maior poder político, consolidando uma Bancada no Congresso Nacional e cargos no Poder Executivo, essa aliança representa muito, além de abrir espaço para maior ocupação do Poder Judiciário, a ponto de alcançar o STF.

Há, ainda, elementos simbólicos construídos durante os anos de governo que alimentam o "orgulho evangélico" de ter colocado no Palácio do Planalto um presidente identificado com o segmento, como a participação intensa em eventos religiosos, inclusive a primeira participação de um presidente da República na massiva Marcha para Jesus de São Paulo, em 2019; a frequente menção a textos bíblicos em discursos públicos; a nomeação de ministros de Estado vinculados a igrejas evangélicas em pastas-chave, para o cumprimento das pautas relacionadas a valores.

4.1 Ocupação do Executivo

O Poder Executivo vinha sendo estrategicamente ocupado por evangélicos desde o governo Dilma Rousseff, como tratado no capítulo anterior, com o senador Marcelo Crivella

(PRB, atual Republicanos/RJ) e o deputado George Hilton (PRB/MG), ambos da Igreja Universal do Reino de Deus, respectivamente na chefia dos Ministérios da Pesca e do Esporte. Apesar de significativa, não se tratava de uma ocupação numérica e simbolicamente expressiva.

No governo de Michel Temer, o mesmo ritmo de ocupação foi mantido, com espaço reservado para a IURD na pessoa do bispo Marcos Pereira (PRB/SP), no Ministério da Indústria e do Comércio, ao lado do pastor Ronaldo Nogueira de Oliveira (PTB/RS), da Assembleia de Deus, no Ministério do Trabalho.

Já com Bolsonaro, evangélicos passaram a ter presença expressiva e hegemônica no governo, dividindo esse poderio com militares em vários cargos do primeiro e do segundo escalões. Logo no primeiro bloco de nomeações ministeriais, a pastora Damares Alves, inicialmente da Igreja do Evangelho Quadrangular e, depois, da Igreja Batista da Lagoinha, ganhou a direção do Ministério da Mulher, da Família e dos Direitos Humanos. O Ministério da Casa Civil foi ocupado pelo luterano, da Igreja Evangélica Luterana no Brasil, Onyx Lorenzoni e o Ministério do Turismo era conduzido por Marcelo Álvaro Antônio, membro da Igreja Maranata. O ministro da Advocacia Geral da União era o pastor André Luiz Mendonça, da Igreja Presbiteriana do Brasil, e o ministro-chefe da Secretaria de Governo era o general Luiz Eduardo Ramos, membro da Igreja Batista. Eram cinco os evangélicos nomeados para o primeiro escalão do governo federal, com a ocupação de ministérios importantes como a Casa Civil, a Secretaria de Governo e o ideológico Ministério de Direitos Humanos, que passou a incluir o tema da Família.

A relevância dessas nomeações se reafirma quando se observa que, mesmo com pressões políticas e instabilidades após três anos de governo, quase todas essas peças foram mantidas. No final de 2021, apenas uma havia sido descartada: Marcelo Álvaro Antônio, indiciado na Polícia Federal sob acusações de corrupção nas eleições. Damares Alves permanecia no posto; a Casa Civil passou a ser ocupada pelo general Ramos; Onyx Lorenzoni, que já havia sido deslocado para o Ministério da Cidadania, assumiu a Secretaria Geral da Presidência, que era de Ramos, e depois, o recriado Ministério do Trabalho e Previdência. André Mendonça fez uma "bate-volta" no Ministério da Justiça em 2020, tendo retornado à AGU para, em 2021, ser indicado como ministro do Supremo Tribunal Federal. Em contrapartida, outras três foram adicionadas. A ocupação do Ministério da Educação pelo pastor presbiteriano Milton Ribeiro, a criação do Ministério das Comunicações, concedido ao deputado federal Fábio Faria, da Igreja Batista, e a nomeação de Bruno Bianco Leal, da Igreja Pentecostal Sara a Nossa Terra para a AGU.

A estratégia de Bolsonaro de incluir boa parte da diversidade evangélica nesses cargos foi bem traçada, revelando sua habilidade no trato com o segmento religioso. Não é por acaso que não há sequer um pentecostal entre os ministros de Estado, já que já têm presença garantida no poder Legislativo. Para a composição ideológica do Executivo, o governo articulou aliança com o segmento evangélico histórico – batista, presbiteriano e luterano. Esse grupo, historicamente, exerce influência na vida nacional, é proprietário de escolas e universidades e, tradicionalmente, promove projetos de ação social, tendo ocupado, no passado recente, por exemplo, posições no Conselho Nacional de Educação e em instâncias jurídicas.

A presença desses religiosos nos cargos do primeiro escalão do governo, por sua vez, impulsionou politicamente movimentos como a Associação Nacional dos Juristas Evangélicos (ANAJURE), cuja maior parte de seu corpo diretivo não é pentecostal, além de programas para domar os "sempre rebeldes jovens", como o *The Send* e o Projeto *Dunamis*, apoiados por missões dos Estados Unidos que já atuam por aqui, ou o Jovens com Uma Missão (JOCUM) e o Ethnos 360° (antiga Missão Novas Tribos). Em geral, os programas com ênfase na juventude promovem missões de evangelização e ações de assistência social mundo afora.

Sobre a ANAJURE, Ana Carolina Evangelista e Lívia Reis (2021, on-line), avaliaram que a associação:

> [...] tem alçado vôos altos no âmbito de seu projeto de defesa incondicional dos valores cristãos, seja atuando internamente em órgãos do Poder Judiciário, realizando articulação política ou ocupando assentos em órgãos internacionais. A associação sabatinou, por exemplo, os três candidatos à chefia da Defensoria Pública da União e recomendou o segundo da lista tríplice, um candidato anti-aborto [o presbiteriano Daniel Pereira] que foi prontamente acatado por Bolsonaro. André Mendonça, o até então ministro da Justiça e da Segurança Pública, pastor presbiteriano, assumiu a chefia da Advocacia Geral da União também com apoio da associação.

Já projetos como o *The Send* e o *Dunamis* receberam apoio do Ministério da Mulher, Família e Direitos Humanos e contaram com a presença da ministra Damares Alves e do próprio presidente Jair Bolsonaro em eventos em estádios de futebol no início de 2020. As missões JOCUM e Ethnos 360° têm realizado ações entre povos indígenas facilitadas pela

FUNAI, inclusive tendo um de seus missionários nomeado para cargo no órgão em 2020.

Ronilso Pacheco (2020), considerou que o grupo evangélico de matriz calvinista que ocupa majoritariamente o Poder Executivo tem seu foco no campo cultural. Em suas palavras, o grupo:

> manifesta, de maneira quase unânime, seu interesse no campo da cultura, dos direitos humanos e da educação. Não disputaram ministérios mais cobiçados como Economia, Saúde, Justiça nem órgãos e autarquias como BNDES, Caixa Econômica, Petrobras ou Correios. Seu alvo é onde os valores morais são disputados. E é assim que eles estão pautando a esfera pública do país, ferindo a laicidade do Estado e sendo raramente percebidos, enquanto os olhos estão voltados para a força dos pentecostais.

Dois pontos são importantes nessa descrição analítica. Primeiro, que cargos importantes do primeiro escalão do governo estão sendo ocupados por setores religiosos conservadores e que nenhum deles pertence a igrejas pentecostais ou é ligado diretamente a lideranças evangélicas mais midiáticas, como o pastor Silas Malafaia da Assembleia de Deus Vitória em Cristo ou o bispo da IURD Edir Macedo. Segundo, que parcela significativa dos evangélicos conservadores conseguiu, com o governo Bolsonaro, pautar e atuar de forma contundente nas políticas públicas estatais. Tal fato fica ainda mais evidente com a composição do segundo escalão do Executivo em ministérios estratégicos. É exposta, a seguir, a composição estratégica de dois ministérios com presença mais significativa de evangélicos, os quais, para além da simples atuação na administração pública, são considerados espaços-chave para impulsionar o projeto ideológico de cunho conservador e a agenda extremamente restritiva de direitos colocados em marcha pelo atual governo.

4.1.1 O ministério mais ocupado

O Ministério da Mulher, Família e Direitos Humanos é o que tem mais religiosos do segmento na ocupação de cargos de liderança. A ministra e pastora Damares Alves comandou a pasta desde a posse de Bolsonaro, em janeiro de 2019, até a conclusão deste texto, em dezembro de 2021.

Levantamento feito pelo pesquisador da UFRJ Alexandre Brasil Fonseca, em 2021 (CUNHA, 2021), mostra que, dos 44 cargos mais importantes do ministério, para além da ministra, diretorias, secretarias temáticas, secretarias adjuntas, coordenação geral de gabinete, assessorias especiais e chefia de gabinete, 15 eram ocupados por evangélicos e outros 3 por pessoas que se identificam genericamente como cristãs, totalizando 18.

Entre os 15 evangélicos, 10 eram lideranças ou membros das igrejas Batista, Assembleia de Deus, Evangelho Quadrangular, Presbiteriana, Graça e Vida e IURD, e 5 eram evangélicos de igrejas não identificadas. Havia ainda três diretores que se identificam genericamente como cristãos. Para além desses que estão atualmente em exercício, outros 11 foram empossados e deixaram o Ministério entre 2019 e junho de 2021. Desses, mais da metade eram pastores (seis).

Havia, ainda, nove católicos nesse ministério, entre eles: a advogada Ângela Vidal Gandra, ligada à União dos Juristas Católicos de São Paulo e filha do advogado Ives Gandra

Martins, destacado integrante do Opus Dei, no cargo de Secretária Nacional da Família; e também o militar Eduardo Miranda Freire de Melo, intendente da Marinha, que era o adjunto na Secretaria Nacional de Proteção Global e coordenava o Programa Nacional de Direitos Humanos-III. Outros quatro católicos de organizações "pró-vida" e "pró-família" ocupavam diretorias e assessorias.

A pauta de trabalho que uniu evangélicos e católicos na pasta foi extremamente conservadora: uma concepção restritiva de liberdade religiosa, "defesa da família" (movimentos "pró-vida" e antiaborto), posicionamento "anti-ideologia de gênero" (contra direitos da população LGBTQIA+), apoio ao *homeschooling* e ao projeto "escola sem partido".

Havia, ainda, seis cargos no ministério de Damares Alves "sob sigilo", expediente usado em casos excepcionais de servidores cedidos pela Agência Brasileira de Inteligência.

4.1.2 *Educação:* bunker *da ala ideológica*

Ainda em campanha eleitoral, Jair Bolsonaro defendeu ser necessário mexer nos currículos escolares "para que as crianças aprendam matemática e português, e não sexo", além de banir "os esquerdismos da cartilha" (apud CUNHA, 2021). Por isso, o Ministério da Educação foi amplamente ocupado pela ala ideológica ultraconservadora, o que tornou a pasta aquela com o maior número de mudanças de comando em um mesmo mandato desde a redemocratização em 1985.

O MEC teve quatro ministros de 2019 a 2022: seguidor do líder de extrema-direita Olavo de Carvalho, Ricardo Vélez Rodríguez; o também olavista, Abraham Weintraub, que saiu do governo processado no Supremo Tribunal Federal por xenofobia (publicações anti-China); o presbiteriano Carlos Decotelli, exonerado do cargo uma semana depois de nomeado por conta de informações falsas em seu currículo; e o pastor presbiteriano Milton Ribeiro, ex-reitor da Universidade Presbiteriana Mackenzie, exonerado, em março de 2022, após a divulgação de denúncias de favorecimento de pastores e igrejas na negociação de verbas com prefeituras.

Apesar das mudanças, os ministros mantiveram a perspectiva político-ideológica estabelecida desde 2019, o que se reflete em cargos-chave no segundo escalão.

A Coordenação de Aperfeiçoamento de Pessoal de Nível Superior (CAPES), órgão responsável pela formação de recursos humanos e fomentos para a pesquisa científica dos Programas de Pós-Graduação de Universidades brasileiras, no reflexo da atmosfera que envolve o MEC, já contabiliza três presidências diferentes.

A primeira presidência da CAPES foi indicada por evangélicos próximos do governo e foi ocupada pelo engenheiro Anderson Ribeiro Correia, da Igreja Batista, pró-reitor do Instituto Tecnológico de Aeronáutica (ITA). Sob a gestão de Weintraub, Correia pediu exoneração, tendo sido nomeado, também com as bênçãos de lideranças evangélicas, o presbiteriano também engenheiro Benedito Guimarães Aguiar Neto, reitor da Universidade Presbiteriana Mackenzie. Ele é próximo das Forças Armadas e defensor do criacionismo, em detrimento da teoria da evolução.

Porém, sob a liderança de Milton Ribeiro no MEC, Aguiar Neto foi exonerado da função e foi anunciada a nomeação de "um profissional de perfil técnico e acadêmico". A advogada Cláudia Mansani Queda de Toledo assumiu, dias depois, a presidência da CAPES. Sem apoio de lideranças evangélicas, Claudia Toledo, que segue no cargo até o presente momento, era reitora do Centro Universitário de Bauru, instituição privada de sua família, iniciada com o nome de Instituto Toledo de Ensino (ITE), onde o ministro Milton Ribeiro se formou em Direito em 1990.

Em março de 2021, Milton Ribeiro nomeou como coordenadora de materiais didáticos do MEC a professora Sandra Lima de Vasconcelos Ramos, da Universidade Federal do Piauí. Essa coordenação é considerada uma das mais importantes da pasta. Sandra Ramos é da Igreja Batista e ligada ao movimento Escola Sem Partido. Em novembro de 2018, ela assinou uma nota com críticas e sugestões à Base Nacional Comum Curricular (BNCC), que orienta a elaboração dos materiais didáticos utilizados em escolas de todo o país. No documento, Sandra Ramos defendeu uma revisão do documento sob a "perspectiva cristã" e defende a introdução da teoria criacionista para o estudo da Biologia.

A meta de lideranças "terrivelmente cristãs" estarem "presentes em todos os poderes", como Jair Bolsonaro manifestou publicamente em 2019 (CUNHA, 2021), se concretizou ao longo de três anos de governo.

4.2 Quem são os evangélicos que empenharam apoio a Bolsonaro?

No que tange aos líderes evangélicos pentecostais (pastores, bispos, apóstolos, missionários) que declaram publicamente seu apoio a Jair Bolsonaro desde 2018, são figuras conhecidas nos cenários religioso e político. Entre elas estão líderes de grandes igrejas, e de outras nem tão grandes, que alcançaram *status* em termos de patrimônio e influência social, com visibilidade nas mídias e representação no parlamento. Para esses líderes importa a aliança com um poder, qualquer que seja, que ofereça a manutenção deste *status*, quiçá sua ampliação. Isso foi oferecido por Jair Bolsonaro em troca de apoio e foi cumprido.

Um exemplo frequente no noticiário é a realização de repasses pelo governo federal, sem edital de concorrência, a instituições evangélicas, em especial via Ministério da Mulher, Família e Direitos Humanos, liderado pela pastora batista Damares Alves, e via programa Pátria Voluntária, liderado pela primeira-dama, também batista, Michelle Bolsonaro. Outro exemplo é o perdão de dívidas de igrejas com a Receita Federal e com o Instituto Nacional de Seguridade Social (INSS), aprovado em março de 2021, que beneficia grande fatia desse grupo.

O pastor Silas Malafaia, da Assembleia de Deus Vitória em Cristo, chegou a declarar em uma reportagem: "Por enquanto, não tem ninguém que possa fazer frente a Bolsonaro no mundo evangélico. Ninguém" (ESTADÃO CONTEÚDO, 2021) e citou o apoio dos líderes José Wellington Bezerra da Costa e Manoel Ferreira (Assembleias de Deus), Edir Macedo (IURD), R.R. Soares (Igreja Internacional da Graça de Deus) e Valdemiro Santiago (Igreja Mundial do Poder de Deus).

O pastor Malafaia desconsiderou apoiadores evangélicos não-pentecostais, mas eles existem. São de igrejas classificadas como históricas, majoritariamente batistas e presbiterianas. São o grupo que credencia ideologicamente o governo, fornecendo, inclusive, quadros para os ministérios, como exposto anteriormente.

Exercer influência na vida do país já era a ideologia dos missionários batistas, presbiterianos, metodistas, luteranos que chegaram no século 19. A parcialidade dessa influência, que nunca havia alcançado o poder sonhado, com uma presidência da República, foi superada com o governo de Jair Bolsonaro.

Esse grupo está alicerçado no "*american way of life*", na piedade puritana da salvação individual e no fundamentalismo da teologia do domínio ("o governo de Deus sobre todas as nações") e da guerra aos inimigos (o combate ao que chamam de "humanismo", incorporado nos movimentos feminista, LGBTQIA+, no ecumenismo e em um comunismo imaginário). Com isso, ganham força segmentos já citados neste capítulo, como a ANAJURE, e programas para domar os "sempre rebeldes jovens", como o *The Send* e o Projeto Dynamus, apoiados por missões dos Estados Unidos que já atuam no Brasil, como Jovens com Uma Missão (Jocum), entre outras.

Foi assim que vertentes fundamentalistas conseguiram, com o governo Bolsonaro, tornar-se parte das políticas de Estado. É o caso da ocupação da Fundação Nacional do Índio (FUNAI) por missionários, o aparelhamento do Ministério da Educação e a promessa de nomeação de um ministro "terrivelmente evangélico" para o STF.

Nesse sentido, a ambiguidade da religiosidade do presidente da República (católico, evangélico ou nem um nem outro) e o seu comportamento moral anticristão (defesa da tortura, apelo a vingança e armas, relacionamento com milicianos, racismo e sexismo, grosseria, deboche com mazelas humanas, linguagem de baixo calão) não são levados em conta pelos líderes aqui citados. Os benefícios da aliança política com Bolsonaro é que o tornaram "o presidente dos sonhos" desses evangélicos.

Isso torna possível, por exemplo, que o pastor André Mendonça, em discurso quando alçado ao Ministério da Justiça, no bate-volta da AGU, classificasse Bolsonaro como "profeta". Permite também que o pastor Ministro da Educação Milton Ribeiro apareça sorridente ao lado do presidente em programa de TV que prega a pena de morte e ameniza o extermínio, na celebração de "CPFs cancelados" (linguagem de policiais e grupos de extermínio em referência a alguém que foi assassinado).

Entretanto, esse grupo não é suficiente para formar os 32% de apoiadores identificados na pesquisa Datafolha de dezembro de 2021. Há um segundo grupo, um extenso número de líderes evangélicos que silenciam e não tornam seu apoio público. Há, ainda, a massa composta por membros das igrejas e fiéis simpatizantes do mundo evangélico que pertencem, majoritariamente, às classes populares, mas integram também classes médias, que demandam pesquisa qualitativa densa para se compreender o "apoio inabalável". Entretanto, é possível construir inferências.

No segundo grupo, estão aqueles que pertencem a igrejas chamadas históricas, cuja trajetória é marcada pelo moralismo puritano, mas também por um tipo de compromisso social. Isso pode gerar nesses líderes certo constrangimento ou vergonha pelo alinhamento ideológico a Bolsonaro. Pode, ainda, suscitar receio de julgamento negativo de pares mais críticos e da própria membresia, dependendo da comunidade em que atuam. Uma análise do discurso contido em perfis de mídias sociais de pessoas desse grupo, acompanhadas pela autora deste livro desde 2016, é reveladora de tal postura.

De várias dessas exposições em mídias, pode-se inferir também que o discurso sexista, racista e homofóbico de

Jair Bolsonaro afague as posições explícitas ou mais íntimas de parcela dessas lideranças religiosas. Elas são embaladas por uma moralidade ressentida com os governos anteriores, que deram espaço a grupos humanos, como mulheres, negros, pobres e LGBTQIA+, que nunca deveriam ter "deixado o seu lugar". Pode-se ainda pensar que alguns desses líderes atuem por oportunismo, dedicando apoio a quem se mostra mais forte e embarcando na onda da "hora e vez dos evangélicos".

Mais uma vez, vale registrar a importância de um aprofundamento com pesquisas que levem além dessas proposições e que fujam de lugares comuns no trato do tema.

E há terceiro grupo: a massa composta por membros das igrejas e fiéis simpatizantes do mundo evangélico que revelaram no voto a adesão à atual política e seguem sendo contados nas pesquisas de opinião como fonte de "apoio inabalável".

Os mais de 30 anos de cultura gospel, que embasaram o crescimento numérico, geográfico e patrimonial do segmento, intensificaram o individualismo que marca o jeito de ser evangélico, como exposto no primeiro capítulo. As bases foram as Teologias da Prosperidade, da Guerra Espiritual e do Domínio, que abrasaram o exclusivismo religioso que caracteriza esse grupo cristão e oferecem, por hipótese, uma explicação.

Essa cultura formou uma geração inteira de evangélicos cuja expressão religiosa tornou-se ancorada em noções como "Deus está no controle", "estar na visão", "tomar posse da bênção", "pare de sofrer!", "pisar na cabeça do inimigo", "Deus é fiel em retribuição à fidelidade no dízimo e na frequência a uma comunidade de fé", entre tantas outras. Essa doutrinação foi promovida por celebridades midiáticas e artistas, que relativizam a autoridade das lideranças do primeiro e do segundo grupos acima descritos. Isso ainda potencializa o que alguns estudiosos chamam de "trânsito religioso", a opção de fiéis pela não vinculação formal, a fim de transitar pelas igrejas que mais satisfazem suas necessidades prementes.

É fato que a orientação para "seguir os líderes", os que "têm a visão" também colabora no processo de alinhamento político com a política bolsonarista. Porém, não se pode perder de vista como esse ideário responde ao imaginário que povoa pessoas simples, do universo popular, religiosas ou não, com as noções de "proteção à família" e empreendedorismo para não depender de patrões, como no mote repetido nas igrejas "somos cabeça e não cauda". Tal concepção também tem ressonância nas classes médias que se orientam por desejos, busca de harmonia, estabilidade e felicidade, ancoradas em um passado idealizado de privilégios de classe e de invocação da meritocracia.

É preciso considerar imaginários comuns, utilizados pela campanha de Jair Bolsonaro, que perpassam esses diferentes grupos sociais. Um deles é o do mártir salvador, do messias ungido, evocado especialmente a partir do "episódio da facada" (atentado sofrido por Bolsonaro durante a campanha presidencial de 2018), que se configura no combatente dos "inimigos da pátria" (movimentos sociais e partidos que atuam para "destruir a família"). Essa construção imaginária, intensificada com a ampla exposição a campanhas massivas de desinformação, tem se mostrado um elemento eficaz.

Não se pode desprezar, ainda, o efeito do apelo populista a que o presidente do Brasil recorre, com a imagem do homem de gestos e costumes simples, que diz o que pensa sem medir consequências, não tem medo de opositores, não deve nada a ninguém e daquele que manda com "autoridade". Nesse caso, o afeto a lideranças populistas na cultura política do Brasil emerge com força, e a religião, muitas vezes, tem sido recurso comum nessas práticas.

Essas inferências reforçam a ideia de que o cenário que envolve política e religião no Brasil é complexo e descarta qualquer diagnóstico simplista em relação aos evangélicos. De tais ideias, fica outro desafio: considerar a parcela evangélica progressista nesse contexto e dedicar reflexão sobre o grupo que rejeita o governo Bolsonaro.

4.3 Quem são os evangélicos que rejeitam Bolsonaro?

Segundo pesquisa Datafolha de dezembro de 2021 (DATAFOLHA, 2021), 39% dos evangélicos do país classificam o governo do ex-capitão como "ruim ou péssimo". Para traçar um perfil tentativo desse grupo, já se deve afirmar, de início, que reprovar Bolsonaro não significa ser politicamente progressista ou de esquerda. Da mesma forma, considerou-se aqui que aprovar o governo de Jair Bolsonaro não significa ser conservador ou de extrema-direita. Não são equações simples, dado o intrincado mosaico de jeitos de ser, de pensar, de viver e de imaginar o mundo que permeia o segmento chamado evangélico.

Como exercício de reflexão, o monitoramento e a observação de perfis de evangélicos em mídias sociais e grupos de Whatsapp permitem inferir um desenho dessa parcela religiosa em, pelo menos, dois grupos.

O primeiro é composto por lideranças (pastores, pastoras, bispos, bispas, presidentes de igrejas e pessoas leigas que têm cargos de poder em suas comunidades de fé), membros das igrejas e simpatizantes que se comprometem com os ensinamentos cristãos alinhados aos direitos humanos, sociais, ambientais, sexuais e são sensíveis à crise social, econômica e ambiental que atinge no Brasil desde 2016.

Com sua base cristã, esses evangélicos se colocaram de forma crítica diante dos discursos messiânicos assumidos pelo presidente. Também não acolheram o conteúdo de pânico moral e terrorismo verbal veiculados por ele e por outros líderes religiosos e irmãos da fé que o apoiam, incluídos os de suas próprias igrejas. Por isso, membros ou simpatizantes da fé evangélica com esse perfil se opõem às posturas de Jair Bolsonaro.

Alguns tornam tal posição pública em suas mídias sociais e assumem uma militância de oposição ao governo. Outros silenciam, possivelmente por temor de perseguição interna da parte de líderes apoiadores do presidente ou por terem como característica pessoal "não se meterem em discussões políticas".

Entre os que silenciam na oposição direta ao governo Bolsonaro, há os que se expressam com manifestações públicas de defesa da vida e do meio ambiente (pela vacinação contra a Covid-19, contra a liberação de armas, contra o desmatamento, por exemplo). Pertencem ainda a esse grupo, um significativo número de evangélicos engajados em movimentos sociais que trabalham com pautas que, diretamente, lhes atingem a vida: associações de trabalhadores, de prestadores de serviços, movimentos de sem-terra, sem-teto, de atingidos por barragens.

Nesse grupo, cuja observação indica ser o mais amplo, tanto as pessoas militantes digitais e de movimentos sociais, quanto as mais contidas politicamente, não tocam ou são reticentes em relação às pautas de justiça de gênero, de raça e de valorização da pluralidade religiosa. A sensibilidade com as demandas sociais, econômicas e ambientais fica, boa parte das vezes, limitada às questões em torno das lutas dos pobres, dos desempregados e injustiçados economicamente e com o cuidado com o meio ambiente.

Isso tem relação com a histórica pastoral de intervenção social praticada por igrejas e grupos evangélicos, que procura aliviar o sofrimento humano e a destruição ambiental sem enfrentar as estruturas que os provocam. Por isso, no que toca as causas das mulheres, da população LGBTQIA+, da população negra e das religiões não-cristãs, prepondera o silêncio entre esses fiéis. Fica ausente entre eles uma atuação mais incisiva contra o patriarcalismo, o racismo e o exclusivismo religioso, marcantes desde os tempos do Brasil Colônia, presentes em muitos grupos e movimentos de oposição ao governo Bolsonaro.

Quanto ao segundo grupo de evangélicos que rejeitam a presidência de Jair Bolsonaro, é composto pelos, historicamente, denominados progressistas. São pastores, pastoras, bispos, bispas, presidentes de igrejas e pessoas leigas de diferentes lugares do Brasil e podem ser classificados como aqueles que, com base em sua concepção religiosa, defendem os direitos humanos, econômicos, culturais, ambientais e sexuais. Essas pessoas e grupos dão ênfase ao enfrentamento da pobreza, à educação crítica e de qualidade, à justiça alimentar, à justiça de gênero (em especial às pautas feministas e LGBTQIA+), à superação do racismo e da intolerância religiosa, à valorização da pluralidade das religiões e à laicidade do Estado.

Tais expressões progressistas entre os evangélicos brasileiros são antigas e podem ser identificadas com mais intensidade a partir dos anos de 1930, quando criada a Confederação Evangélica do Brasil, extinta durante a ditadura militar, como exposto no capítulo anterior. Apesar de marginais (fonte de desconfiança das esquerdas do país; de desrespeito e deboche por parte da maioria conservadora evangélica; desprezadas pelas mídias noticiosas, eletivamente afins aos grupos conservadores), essas expressões se potencializaram durante a ditadura e se constituíram uma minoria inegavelmente importante.

Nesse grupo estão as pessoas e grupos participantes de movimentos sociais de trabalhadores urbanos, de sem-terra, de sem-teto, de mulheres, de jovens, de pessoas negras, grupos inter-religiosos, dos diversos partidos políticos e frentes de esquerda que tornam pública sua oposição ao governo de Jair Bolsonaro.

Entre eles há também gradações. Elas resultam, por exemplo, da observação do maior ou menor engajamento nas causas de direito de gênero, de raça e da pluralidade religiosa. Há pessoas e grupos que atuam diretamente nessas pautas, dando visibilidade a mulheres, a pessoas negras, a grupos católicos e de outras religiões em suas articulações.

Há outros que, na prática, revelam que gênero, raça e pluralidade religiosa não são pautas prioritárias, de fato. O extenso número de atividades *online* desse subgrupo desde 2020, em que é visível o predomínio de presenças masculinas e brancas e a falta de ênfase a tais temáticas, é um forte exemplo. Uma possível explicação pode estar na formação patriarcal, racista e exclusivista que está nas bases do cristianismo no Brasil, assimilado na educação cristã e teológica recebida pelas lideranças evangélicas progressistas, parcialmente superada em seus engajamentos sociopolíticos.

Uma parcela desse último subgrupo justifica ter que "sacrificar" o tratamento dos temas de diversidade de gênero e de pluralidade religiosa em suas ações para não perder o acesso a um público sensível à necessidade de justiça social, mas que rejeita tais ênfases (seu público-alvo é o mesmo primeiro grupo descrito anteriormente).

Certamente há outras gradações, o que instiga ainda mais a pesquisa sobre tipologias que tentou-se inferir neste capítulo. Fica como aprendizado deste exercício que, quando se trata de religiões, não é possível escapar ao tema da pluralidade e da complexidade delas. Toda e qualquer tentativa de homogeneizar grupos religiosos, quaisquer que sejam, em suas expressões e gradações é tratar de forma enganosa esse fascinante e instigante fenômeno social.

5. Temas em Frequente Debate na Relação Evangélicos e Política

5.1 Existe voto evangélico?

O decorrer das páginas dos capítulos anteriores deixa nítido que referir-se a "evangélicos" é abordar um grupo que não é monolítico, único e coeso. O segmento evangélico é uma teia formada pelos mais variados fios, que representam teologias, práticas, costumes, visões de mundo e estruturas organizacionais diversas.

Portanto, é um grande equívoco (quando não má-fé para conduzir campanhas oportunistas) falar de "voto evangélico" em geral ou de um apoio político único dos evangélicos. São pessoas autônomas que decidem pelo voto, fundamentalmente, de acordo com suas preferências. As duas eleições que alçaram Dilma Rousseff à Presidência da República são fortes exemplos. Se correspondessem ao que bradavam líderes em evidência no cenário religioso, Dilma Rousseff não teria recebido tantos votos de evangélicos.

Por outro lado, coloca-se a eleição de Jair Bolsonaro à Presidência, em 2018, com apoio massivo de evangélicos, como tratado no capítulo anterior. Seria muito raso atribuir a vitória significativa de Jair Bolsonaro entre evangélicos apenas à publicidade em torno da fé cristã, cristalizada no *slogan* de sua campanha "Deus acima de todos". Ou ainda, às falsidades disseminadas a respeito de que uma vitória do oponente Fernando Haddad ameaçaria a existência das famílias e das igrejas. É fato que são componentes significativos na persuasão de fiéis, mas é importante também considerar outros elementos, como o perfil socioeconômico do segmento.

Como tratado no primeiro capítulo, segundo os dados do Instituto Datafolha de 2019, boa parte dos evangélicos vive em áreas urbanas e periféricas e em grande medida entre a população pobre e de baixa renda (BALLOUSSIER, 2020). Nesse contexto, independentemente de religião, está o sofrimento consequente das ações violentas de facções do crime organizado, das milícias e dos próprios agentes do Estado. As propostas imediatistas, com base em vingança sobre criminosos, da campanha de Bolsonaro para pôr fim à violência urbana possivelmente encontraram abrigo nessa população sofrida.

No entanto, é preciso considerar os elementos do mundo e da cultura evangélica que parecem determinantes para a adesão às propostas bolsonaristas. Um deles é a moralidade sexual alimentada pela teologia protestante puritana, que descarta a dimensão da corporeidade e da sexualidade relacionada à realização plena da pessoa e ao prazer e a classifica como pecado e desvio do objetivo maior, a procriação para a formação das famílias. Resultado disso é a submissão da mulher ao poder do homem/patriarca (pai, marido, irmãos, tios, filhos, pastor), a repressão do corpo e a condenação da homoafetividade.

O mote da campanha pela "salvação da família", contra a suposta ditadura dos governos do PT e seu "kit-gay", certamente obteve ressonância no segmento evangélico. Por mais que se desmentisse a distribuição de um "kit-gay" pelo PT de Haddad e se explicasse o projeto da Câmara dos Deputados, apoiado pela UNESCO, de produção de um material para adolescentes para superação da homofobia nas escolas, o acionamento da elaboração mental e emocional do imaginário evangélico puritano e moralista já havia se dado.

Esse aspecto está relacionado a outro muito fortemente presente no imaginário evangélico: o combate a inimigos. A teologia de um Deus guerreiro e belicoso, o Senhor dos Exércitos, sempre esteve presente na formação fundamentalista dos evangélicos brasileiros, compondo o seu imaginário e criando a necessidade da identificação de inimigos a serem combatidos. Exércitos precisam de inimigos. Historicamente, a Igreja Católica Romana sempre foi identificada como tal e combatida no campo simbólico e também no físico-geográfico. As religiões afro-brasileiras também ocupam esse lugar, especialmente no imaginário dos grupos pentecostais. O comunismo e seus derivativos são outra forte expressão inimiga desde os anos de 1940, com altos e baixos na escala imaginária.

A partir de 2010, quando emergiu intensa oposição de líderes evangélicos à candidatura de Dilma Rousseff, muito por causa das pautas progressistas que ela defendia e que integravam o Plano Nacional de Direitos Humanos 3, aprovado em 2009. Estava atualizado o grande inimigo a ser combatido: pessoas, grupos e partidos defensores da justiça de gênero, considerados ameaças à família e à moralidade sexual evangélica.

Soma-se a isso os quase 30 anos de cultura gospel – construída via tríade música, mercado e entretenimento, disseminada pelas mídias religiosas e seculares – que tem como uma de suas âncoras teológicas e doutrinárias a "guerra espiritual". O gospel tem comunicado e ensinado que inimigos da fé, encarnações das potestades do mal, devem ser constantemente combatidos – e eles assumem as identidades bem concretas aqui listadas.

Canções como "O nosso general é Cristo... nenhum inimigo nos resistirá..." (CUNHA, 2007) foram e ainda são frequente e repetidamente cantadas em boa parte das igrejas, numa educação não-cristã para a eliminação dos diferentes e dos discordantes. Esse discurso se alinha diretamente àquele pregado por Jair Bolsonaro, em sua cruzada moral e bélica. E há ainda o discurso autoritário do ex-capitão, que encontra identificação com posturas de autoridades mundo evangélico.

Aprender a ver os evangélicos com um grupo fragmentado e diverso e observar as nuances que o formam é uma primeira lição a ser tomada, que ajuda a superar ações de má-fé política.

No mesmo sentido, não é possível identificar um representante dos evangélicos. Ou seja, alguém que possa falar pelo segmento ou que seja apontado como "formador de opinião dos evangélicos". E essa foi uma armadilha que "engoliu" as grandes mídias noticiosas. Tendo na imaginação a estrutura hierárquica do Catolicismo Romano, que começa no Papa e passa por cardeais, arcebispos, bispos e organizações como a Conferência Nacional dos Bispos do Brasil (CNBB), que falam pelo segmento católico, jornalistas, em geral, desconhecedores do mundo evangélico, buscaram a fala de um representante. E foi dada voz apenas a quem pautou as mídias com declarações conservadoras em torno de temas da moralidade sexual.

São muitas as matérias e entrevistas com pastores e políticos do universo pentecostal credenciando-os como porta-vozes dos evangélicos. No entanto, esses líderes não só não representam o segmento, como também geram controvérsias dentro e em torno desse grupo religioso. São comuns posturas desrespeitosas e bélicas em relação a quem pensa e age diferente do que eles pregam ser a religião verdadeira. E com isso, as teologias, práticas e visões do mundo dos evangélicos que estão em direção oposta, ficam invisíveis.

Aprender que as muitas vozes devem ser ouvidas com o mesmo grau de destaque é outra lição, no que diz respeito aos evangélicos, o que também vale para outros segmentos sociais invisibilizados.

5.2 Evangélicos entre a direita e a esquerda

O amplo apoio deste segmento religioso à eleição do Presidente da República Jair Messias Bolsonaro e o protagonismo alcançado com a participação de algumas lideranças na composição do governo, acabou servindo para reforçar um certo senso comum de que evangélicos são sinônimo de conservadorismo.

No entanto, quem se interessa por refletir e dialogar com esse complexo grupo precisa enxergar além dessa equação. Se houve, e ainda há, amplo apoio a um governo ultraconservador da parte de evangélicos, há também uma significativa rejeição a ele no mesmo grupo, com uma oposição que não pode ser desprezada, como exposto no capítulo anterior.

A polarização entre evangélicos conservadores e evangélicos progressistas é histórica (como também já foi tratado neste livro) e se concretiza não apenas em disputas discursivas. Nos contextos de hegemonia conservadora, passados e presentes, há episódios de confrontos, perseguições e expurgos

No tempo presente, os números eleitorais de 2018 mostraram que sete em cada dez evangélicos votaram em Jair Bolsonaro (ALVES, 2018), embora três anos depois este apoio tenha caído para três em cada dez, diante de um governo marcado por críticas (DATAFOLHA, 2021). Entretanto, seguindo as trilhas históricas, o polo progressista garante sua expressão, evidenciando a polarização. Dois eventos ocorridos no primeiro ano do governo Bolsonaro ilustram bem esse elemento.

Em 4 de abril de 2019, foi realizado o Segundo Encontro de Intercessão (oração) pela Nação. O evento, realizado em um hotel em Brasília, reuniu 140 líderes evangélicos, entre pastores, empresários e magistrados (como sinal da busca de incidência por meio do Poder Judiciário). Lá participaram os Ministros de Estado Onyx Lorenzoni (Casa Civil) e Damares Alves (Mulher, Direitos Humanos e Família), o Advogado-Geral da União André Mendonça, quatro secretários-executivos do governo, o presidente da Bancada Evangélica Pastor Silas Câmara (PRB/AM) e o presidente da CAPES (Coordenação de Aperfeiçoamento de Pessoal de Nível Superior, do MEC) Anderson Correia.

Os temas centrais desse encontro de oração foram o apoio à chamada Reforma da Previdência, críticas ao STF e a estabilização do Ministério da Educação. Os organizadores avaliaram como bem-sucedido o evento de apoio ao governo federal, por ter reunido líderes influentes de várias denominações evangélicas entre tradicionais e pentecostais.

No dia seguinte, sexta-feira, 5 de abril, teve início o I Encontro Nacional de Evangélicos e Evangélicas do Partido dos Trabalhadores (PT), com a participação de cerca de 100 pastores e leigos de 12 estados do Brasil. Com programação até o dia 6 de abril, o evento, realizado num centro de formação católica em São Paulo, avaliou criticamente o distanciamento do PT não só dos evangélicos, mas também das bases populares, e pensou formas de o partido se aproximar desse segmento religioso e de retomar os trabalhos de base.

Participaram do encontro a presidente do PT Gleisi Hoffmann, a deputada federal evangélica Benedita da Silva e outras lideranças do partido e de movimentos de esquerda. Ao final, os participantes apresentaram um documento enviado à Direção Nacional do Partido com suas ponderações e uma Carta Aberta às Evangélicas e Evangélicos e ao Povo Brasileiro Pela Libertação do Presidente Lula, em defesa da democracia e pelos direitos do povo trabalhador brasileiro.

O cientista da Religião Edin Sued Abumanssur, convidado para um estudo, afirmou:

> Os evangélicos não são nem de direita nem de esquerda. Dizer que os evangélicos elegeram Bolsonaro é um equívoco. Quem os evangélicos ajudaram a eleger no Maranhão? Um governador do PCdoB. As razões para o evangélico votar em A ou B são as mesmas razões para qualquer pessoa votar em A ou B. O evangélico não votou no Bolsonaro porque é evangélico, votou porque 57 milhões de pessoas votaram no Bolsonaro. (CUNHA, 2019)

Esse é um dos muitos encontros realizados, frequentemente, pelo país, com evangélicos vinculados a partidos de esquerda e a movimentos sociais. Como era de se esperar, a divulgação gerou muitas críticas de lideranças religiosas, presentes ou vinculadas ao evento de Brasília, alegando que evangélicos "de verdade" não apoiam a esquerda pois "são conservadores".

Tal afirmação busca negar e silenciar a pluralidade própria dos diferentes grupos religiosos, que se dá na variedade de teologias e doutrinas, na diversidade das vivências em comunidades religiosas e nas múltiplas formas de atuação social que a fé estimula.

É urgente superar a apresentação dos evangélicos como um grupo homogêneo, rechaçando tendências unificantes de um segmento religioso que é mais do que plural. A homogeneização dos evangélicos só interessa a quem age para instrumentalizar a religião para projetos de poder.

5.3 Evangélicos e *fake news*

Quem frequenta os espaços midiáticos digitais certamente já se deparou com as expressões "*fake news*" e "pós-verdade", fenômenos que permeiam hoje, especialmente, as tão populares mídias sociais e atingem o jornalismo. Essas expressões são, na verdade, termos sofisticados para dizer de uma prática muito própria do ser humano: mentir. Nesse caso, mentir para interferir em temas de interesse público.

Casos como a votação do Brexit, em 2016, seguido do processo eleitoral para a Presidência dos Estados Unidos, no mesmo ano, e as eleições no Brasil, em 2018, são paradigmáticos no reconhecimento de como conteúdos enganosos interferiram em decisões cruciais de interesse público. A Oxford University Press – *Oxford Dictionaries* definiu que a palavra "*post-truth*", "pós-verdade", era "a" palavra internacional daquele 2016, "uma das palavras que definem nosso tempo", por conta dos 12 meses "politicamente altamente inflamados". O dicionário define "pós-verdade" como um adjetivo "relativo a ou que denota circunstâncias nas quais fatos objetivos são menos influentes na formação da opinião pública do que apelos à emoção e à crença pessoal" (COMO TRUMP..., 2016).

Nos estudos em comunicação social, em ciência da informação e em antropologia das mídias, tem-se buscado ampliar o escopo de compreensão e tratar esse tema relacionado ao fenômeno da desinformação. Estudos promovidos pela Comissão Europeia, a partir dos episódios do Brexit, levaram à criação, em 2018, de um "Plano de Ação contra Desinformação" da instituição. O documento define o fenômeno como: "Informação comprovadamente falsa ou enganadora que é criada, apresentada e divulgada para obter vantagens econômicas ou para enganar deliberadamente, podendo prejudicar o interesse público" (COMISSÃO EUROPEIA, 2018). Destaca-se aí o reconhecimento de uma prática intencional, deliberada, com vistas à obtenção de vantagens econômicas ou à interferência em temas de interesse público.

Popularmente, convencionou-se denominar "*fake news*" as notícias que circulam pelas mídias digitais. No entanto, além do material falso e enganoso, há outros elementos que são mais do que notícias e formam o que Claire Wardle (2017) denomina, "um inteiro ecossistema de informação". Para Wardle, a desinformação em circulação, que também envolve o que é impreciso e o que é inconclusivo, pode ser fruto de um jornalismo ruim, pode ser usada como humor ou, ainda, para buscar lucro, provocar, causar reações passionais, estimular polarizações, exercer influência política ou fazer propaganda (no sentido de manipular a opinião pública).

A passionalidade indicada por Claire Wardle, que estimula polarizações e é base da propaganda política, é a explicação que a Psicologia Social dispõe para a ampla aceitação, divulgação e consolidação da desinformação pela internet. Ainda que constatem que acreditaram numa mentira, as pessoas não renunciam a ela, pois é coerente com seu jeito de pensar, agir e estar no mundo ou porque lhe traz alguma compensação ou conforto. Isso é o que se chama "dissonância cognitiva", que acontece quando pessoas têm necessidade de estabelecer uma coerência entre suas cognições (seus conhecimentos, suas opiniões, suas crenças), que acreditam ser "o certo", com o que se apresenta como opção de comportamento ou de pensamento.

5.3.1 Desinformação e religião

Essa abordagem da Psicologia Social é importante suporte para se compreender como grupos religiosos estão propensos não só a assimilar as notícias e ideias mentirosas que circulam pela internet, coerentes com suas crenças, como também a fazer a propagação, uma espécie de "evangelização", disseminando essas notícias e ideias para que convertam pessoas ao mesmo propósito.

Nesse sentido, importa demarcar que não são apenas pessoas e grupos conservadores que propagam desinformação. A disseminação de falsidades ocorre entre diferentes grupos ideológicos, intensificando polarizações. No entanto, grupos cristãos conservadores parecem ser os mais propensos à propagação, por causa de maior exposição à "dissonância cognitiva". Tais grupos rejeitam transformações sociais e políticas que confrontam convicções que possuem, alimentadas pela forma como se constitui a sua dimensão da fé cristã.

Estudos empíricos nos EUA têm estabelecido a conexão entre a recepção e a propagação de desinformação com o imaginário de cristãos fundamentalistas. O pesquisador de Literatura Americana e Religião da Universidade de Victoria (Inglaterra) Christopher Douglas (2017), por exemplo, indica que alguns aspectos da cultura fundamentalista são a base para que *fake news* se espalhem facilmente entre cristãos conservadores. Entre essas características destacam-se: 1) negação da ciência (especialmente da teoria da evolução e da leitura contextual da Bíblia) e desqualificação da informação pelas mídias; 2) criação de fontes alternativas para conhecimento e informação (suas próprias universidades, museus e mídias); e 3) formação cognitiva para rejeitar conhecimento especializado e buscar alternativa – geração de incapacidade de pensamento e análise críticos.

Segundo Douglas, isso ganha força no espaço público para além da religião, com o fortalecimento de uma religiosidade partidária entre fiéis (afinidade eletiva com a direita política) e uma aproximação aos extremismos conservadores.

Há ainda o pânico moral e a retórica do medo que são utilizados para disseminar desinformação de um modo geral, mas afetam grupos religiosos, especialmente evangélicos no Brasil. Esses cultivam o imaginário de enfrentamento de inimigos e da perseverança diante da perseguição religiosa como alimento da fé. Discursos em torno da "defesa da família" e dos filhos das famílias, como núcleos da sociedade que estariam em risco por causa da agenda de igualdade de direitos sexuais, têm forte apelo. Para isso, campanhas políticas antidireitos recorrem às mídias em todos os formatos, tradicionais e digitais, com farto uso de desinformação, em especial de *fake news*, para alimentação do pânico moral e para interferência nas pautas políticas. Há também a disseminação de discursos de ódio contra movimentos sociais e contra ativistas de direitos humanos, identificados como inimigos da fé, que alcança grupos cristãos.

O tema da cristofobia e da perseguição a cristãos no Brasil também tem tido amplo apelo. Manipula-se, neste caso, a noção de combate a inimigos para alimentar disputas no cenário religioso e político.

No Brasil, uma pesquisa realizada pelo Instituto Nutes de Educação em Ciências e Saúde, da UFRJ, buscou compreender o uso intenso do Whatsapp no fortalecimento de redes de desinformação no segmento evangélico. Intitulada "Caminhos da desinformação: evangélicos, *fake news* e WhatsApp no Brasil" (2021), a pesquisa trabalhou nos resultados de 1.650 questionários aplicados em congregações das igrejas Batista e Assembleia de Deus, no Rio de Janeiro e em Recife (as duas maiores igrejas evangélicas e as duas cidades de maior concentração de evangélicos no Brasil, segundo o Censo 2010). Também foram aplicados formulários *online* com pessoas de todas as religiões e sem religião em todo o país e realizados grupos de diálogo nessas localidades.

Como resultado, 49%, ou quase metade, dos evangélicos que responderam questionários afirmaram ter recebido conteúdo falso e, nesse segmento religioso, 77,6% disseram ter recebido desinformação em grupos de Whatsapp relacionados à sua comunidade de fé. Na coleta com outros grupos religiosos, 38,5% de católicos, 35,7% de espíritas e 28,6% de fiéis de religiões afro-brasileiras afirmaram ter recebido mensagens falsas em grupos relacionados às suas religiões. Entre os entrevistados, 61,9% dos evangélicos afirmaram que as notícias sobre política eram as mais frequentes.

(Fonte: Pesquisa de desinformação entre evangélicos realizada pela Universidade Federal do Rio de Janeiro)

Gráfico: Wagner Tadeu Tonel (CORREIA, 2021)

Essa pesquisa mostrou que além do apelo que a desinformação exerce sobre grupos religiosos, porque se adequa mais a crenças e valores e menos a fatos propriamente ditos, elementos relacionados à prática da religião entre evangélicos interferem mais fortemente na propagação de desinformação. O uso intenso das mídias sociais como "um novo ir à igreja" é uma dessas práticas, associada ao sentimento de pertença à comunidade que gera uma imagem de líderes e irmãos como fontes confiáveis de notícias.

5.3.2 O enfrentamento da desinformação no Brasil

São vários os projetos no Brasil voltados para o enfrentamento da desinformação por meio da checagem de fatos, com número ampliado desde as eleições de 2018, ligados a empresas de mídia e também de iniciativa independente. Destacam-se: Agência Lupa, UOL Confere, Estadão Verifica, Fato ou *Fake*, Projeto Comprova, Aos Fatos, Boatos.org e Coletivo Bereia – Informação e Checagem de Notícias.

O Coletivo Bereia é uma iniciativa ímpar entre as listadas, pois é o único projeto de jornalismo colaborativo de checagem de fatos especializado em religião e tornou-se pioneiro no Brasil em verificações de *fake news* nesse segmento. O projeto é resultado da pesquisa do Instituto NUTES da UFRJ.

O Bereia faz parte da Rede Nacional de Combate à Desinformação (RNCD), uma iniciativa de enfrentamento que envolve coletivos, projetos desenvolvidos dentro de universidades, agências, redes de comunicação, revistas, movimentos sociais, projetos de comunicação educativa para a mídia e mídias sociais, aplicativo de monitoramento de desinformação, observatórios, projetos de *fact-checking*, projetos de pesquisa, instituições científicas, revistas científicas, dentre outros. A ideia, conforme o *site* da RNCD, "é unir esforços, praticar a sinergia, potencializar a visibilidade do trabalho realizado em cada projeto e criar uma onda contrária ao movimento da desinformação" (RNDC, s.d.).

Um dos pontos nevrálgicos em toda a ação de enfrentamento da desinformação é o papel das plataformas de mídias sociais. Ao contrário de mídias tradicionais, como a televisão, a imprensa ou o rádio, as empresas que as orientam (Google, Facebook, Twitter, são as principais) são soberanas, isto é, autorreguladas, e os casos já mencionados aqui, ocorridos desde 2016, mostram o quanto essa autorregulação é ineficaz e as isentam de responsabilidade. Além disso, publicar desinformação pode ser um negócio rentável. Na estrutura de funcionamento das plataformas, as que têm mais acessos recebem maiores remunerações de anunciantes. E uma maneira rápida de conseguir muitos acessos é veicular conteúdo que circule bem nos nichos da internet afetados por desinformação. O pesquisador Sérgio Branco explica isso: "quando se juntam na mesma equação torcida ideológica + informações imprecisas + facilidade de difusão do conteúdo e, claro, uma boa dose de má-fé, o cenário se torna muito pouco auspicioso para o debate público" (BRANCO, 2017, p. 57).

As plataformas, preocupadas com as investigações de diferentes instituições de Estados a que têm sido submetidas pelos danos em processos de interesse público, criaram políticas próprias para barrarem a proliferação de desinformação, incluindo mecanismos de filtragem de desinformação. O Facebook, por exemplo, decidiu trabalhar em parceria com projetos de *fact-checking* certificados pela Rede Internacional de *Fact-Checking* (IFCN) que identificam, analisam e classificam a desinformação viral nos aplicativos Facebook, Instagram e WhatsApp, tornando a classificação visível para usuários.

Mesmo com tais iniciativas, as plataformas são soberanas e se autorregulam, ficando os usuários sujeitos às decisões desses organismos privados guiados por seus interesses políticos e econômicos.

5.3.3 *As mentiras que circulam em ambientes digitais evangélicos*

Nos dois anos de atuação do Coletivo Bereia (2019-2021), entre as centenas de conteúdos verificados nas mais diferentes fontes, cinco temas se destacaram como *fake news*. O primeiro deles é a pandemia de Covid-19, que foi alvo de mentiras questionadoras das medidas de isolamento social, disseminadoras de tratamentos preventivos e curativos, acusatórias à China e à Organização Mundial de Saúde e opositoras à campanha de vacinação. A Comissão Parlamentar de Inquérito (CPI) da Covid-19, realizada pelo Senado Federal, também foi tema de checagens, uma vez que os senadores Luiz Carlos Heinze (PP/RS, evangélico luterano), Marcos Rogério (DEM/RO, evangélico da Assembleia de Deus) e Eduardo Girão (Podemos/CE, espírita), foram expressivos veiculadores de desinformação dentro da própria comissão. A CPI foi também palco de outra personagem religiosa, o Reverendo Amilton Gomes de Paula, evangélico sem vinculação com uma igreja específica, depoente envolvido nas irregularidades em torno de negociação de vacinas pelo governo federal. O Bereia identificou controvérsias no perfil do pastor que passaram despercebidas pela cobertura da imprensa.

O segundo tema destacado na checagem de desinformação em ambientes religiosos foi o da "ideologia de gênero", que pode ser classificada como a mais bem-sucedida concepção falsa criada no âmbito religioso. Surgido no ambiente católico e abraçado por distintos grupos evangélicos que reagem negativamente aos avanços políticos no campo dos direitos sexuais e reprodutivos, o termo trata de forma pejorativa a categoria científica "gênero" e as ações diversas por justiça de gênero, atrelando-as ao termo "ideologia", no sentido banalizado de "ideia que manipula, que cria ilusão". A "ideologia de gênero", nessa lógica, é falsamente apresentada como uma técnica "marxista", utilizada por grupos de esquerda, com vistas à destruição da "família tradicional", gerando pânico moral e terrorismo verbal entre grupos religiosos.

A terceira mentira mais veiculada em ambientes religiosos, segundo as checagens do Coletivo Bereia, é a da cristofobia ou da perseguição religiosa a cristãos no Brasil. O termo "cristofobia" não se aplica em virtude da predominância cristã no país, onde há plena liberdade de prática da fé para esse grupo. Manipula-se, nesse caso, a noção de combate a inimigos para alimentar disputas no cenário religioso e político. Além disso, configura-se uma estratégia de políticos e religiosos extremistas que pedem mais liberdade e usam o termo para falarem e agirem como quiserem contra os direitos daqueles que consideram "inimigos da fé". Ou seja, contra ativistas de direitos humanos, partidos de esquerda, movimentos por direitos sexuais e reprodutivos, religiosos não cristãos e, até cristãos progressistas – nem os da mesma família da fé são poupados.

A quarta mentira propaga que há uma ameaça comunista em curso no mundo, liderada pela China. O imaginário do "perigo comunista", da "ameaça vermelha" está presente historicamente na cultura brasileira há muitas décadas e foi reavivado nos discursos da extrema-direita desde 2013. Na nova abordagem, comunistas – longe do que, de fato, significa essa tendência política – se tornam sinônimo de todos os que propagam justiça econômica (defesa de programas de distribuição de renda, por exemplo), advogam pelos direitos humanos, em particular os das minorias, e reivindicam e atuam na superação de violência racial, cultural, de gênero e de classe.

A quinta mentira que tem circulado em ambientes religiosos é a imagem do presidente Jair Bolsonaro como evangélico convertido e a apresentação do seu governo, por *blogueiros*, *youtubers* e políticos apoiadores, como um sucesso. Os registros de discursos e atitudes do presidente nos próprios canais oficiais de mídias, somados ao quadro de crise em diversas áreas de ação governamental, facilitam a tarefa de verificação e de confrontação objetiva desse conteúdo.

6. Para Concluir

A relação entre religião e política, presente no Brasil desde que a Igreja Católica aportou nestas terras com os colonizadores portugueses, ganhou seu lugar em discussões populares. Um ponto destacado é o que alguns chamam de "ameaça" evangélica e outros de "bênção de Deus sobre os evangélicos" e diz respeito à intensificação da presença de cristãos na política, estimulada muito fortemente na entrada dos anos de 2020 pela aliança do governo Bolsonaro com lideranças desse segmento religioso. Esse processo tem resultado em cargos no poder executivo, composições com o poder legislativo, fortalecimento de ocupações (e promessas de outras) do poder judiciário e interferência em políticas e ações públicas.

A ênfase no poder que tem sido alcançado pela parcela ultraconservadora do segmento evangélico é necessária nesta discussão sobre religião e política. No entanto, quando quem discute se fixa apenas nela, esconde o debate sobre a hegemonia católica nesse campo e a emergência da presença dos grupos religiosos de matriz africana e suas demandas por democracia, respeito e liberdade religiosa.

De fato, é preciso afirmar que há uma força evangélica na política. Não é surpresa que candidatos e profissionais de *marketing* tenham detectado há algum tempo a tendência e, a cada eleição, seja ainda mais frequente a prática de "pedir a bênção" a líderes evangélicos, seja por parte da direita ou da esquerda. Também são recorrentes as pressões sobre candidatos e seus partidos, que nada têm de religiosos, a assumirem compromissos com a defesa de pautas da moralidade religiosa, em clara instrumentalização da religião cristã para conquista de corações e mentes de fiéis.

É possível assistir, ainda, a uma presença mais intensa de grupos religiosos atuando como ativistas políticos nos mais diversos movimentos e nas mídias sociais. Com base nesse contexto, religião é, certamente, um tema de fundo, alimentador de campanhas e debates contundentes, especialmente em períodos eleitorais.

Quando se toma os números das eleições municipais de 2020 no Brasil, verifica-se que nunca um pleito teve tantos candidatos com identidade religiosa no motor da campanha. Um levantamento publicado pelo *site* UOL Notícias (TEIXEIRA, 2020), a partir dos registros de candidaturas no Tribunal Superior Eleitoral, identificou pelo menos 5.555 candidatos que usam alguma referência religiosa no nome de urna ("pastor", "padre", "mãe") ou que registraram "sacerdote ou membro de ordem ou seita religiosa" como ocupação em 2020. Foram quase 2% dos 283.316 das pessoas que tiveram candidaturas registradas: 69 candidatos às prefeituras de cidades em todas as regiões do país e 11.481 concorrentes ao cargo de vereador.

Entre esses nomes de candidatos com identificação religiosa, 82% eram "pastor/pastora" e "irmão/irmã". Vale indicar que esses números não incluíam postulantes a cargos municipais que eram líderes religiosos reconhecidos, mas não usaram a identidade no registro eleitoral, como foi o caso do prefeito do Rio de Janeiro Marcelo Crivella, bispo da IURD.

Nos debates sobre o tema, uma pergunta que sempre emerge diz respeito a esse processo representar uma ameaça ao Estado laico. É muito importante que a presença de grupos religiosos na política não seja vista como ameaça à democracia ou à laicidade do Estado. Ao contrário, ela reflete a dinâmica da democracia, dá lugar à representação diversa no espaço público e na cultura brasileira, em que as religiões têm importante papel na ordenação e na organização da vida.

A laicidade do Estado sempre foi um processo com avanços e retrocessos graças à presença católico-romana na política há mais de 500 anos. Um exemplo destacado é o Acordo Brasil-Vaticano, de 2010, com a concessão de vários privilégios à Igreja Católica pelo governo brasileiro. Outro, é o fato de a campanha pela retirada da noção de "gênero" do Plano Nacional de Educação, em 2014, ter sido liderada por católicos, bem como a criação do termo enganoso "ideologia de gênero" ter ocorrido por estímulo do Papa Bento XVI, em discurso proferido em 2012.

Portanto, não se pode levantar o tema da "ameaça ao Estado laico" apenas quando se cria consciência da presença mais intensa de evangélicos na política. O Estado laico sempre foi frágil no Brasil, a começar com o poder da hegemonia católica, passando pela intolerância em relação às religiões de matriz africana (resultante do racismo estrutural) e chegando à força dos fundamentalismos evangélicos no tempo presente.

A presença mais intensa de grupos religiosos no espaço público deve ser vista como indício do próprio avanço da democracia (com ambiguidades, é claro) e da pluralidade religiosa.

O que ameaça o Estado laico, e deve ser questionado e enfrentado, é que um grupo religioso imponha sua teologia e ética religiosa como regra para todos, crentes (com toda pluralidade que vivenciam) e não-crentes. Nesse caso, é a laicidade do Estado e a democracia que são colocadas em risco.

Da mesma forma, o Estado laico está em perigo quando princípios religiosos são instrumentalizados por líderes e grupos políticos com vistas à busca de votos ou de apoio a implementação de necropolíticas.

Essas ameaças são evidentes no Brasil contemporâneo, que faz o jogo político para alcançar não apenas evangélicos, mas católicos, judeus e espíritas que tenham identidade com uma postura autoritária, violenta, corruptora do poder público e aliançada com grupos econômicos exploradores da vida em todas as dimensões.

É por isso que religião e política devem ser discutidas! Isso deve ser feito crítica e coletivamente, sobretudo em espaços em que a fé religiosa é praticada, e pelos mais diferentes grupos e forças sociais que formam e informam sobre política.

7. Referências

ALVES, José Eustáquio Diniz. O voto evangélico garantiu a eleição de Jair Bolsonaro. *Ecodebate*, 31 out 2018. Disponível em: https://www.ecodebate.com.br/2018/10/31/o-voto-evangelico-garantiu-a--eleicao-de-jair-bolsonaro-artigo-de-jose-eustaquio-diniz-alves. Acesso em 4 fev 2022.

BALLOUSSIER, Anna Virgínia. Cara típica do evangélico brasileiro é feminina e negra, aponta Datafolha. *Folha de S. Paulo*, 13 jan 2020. Disponível em: https://www1.folha.uol.com.br/poder/2020/01/cara-tipica-do-evangelico-brasileiro-e-feminina-e-negra-aponta-datafolha.shtml. Acesso em 4 fev 2022.

BRANCO, Sérgio. Fake News e os Caminhos para Fora da Bolha. *ITS*, 9 ago. 2017. Disponível em: <itsrio.org/pt/publicacoes/fakenews-e--os-caminhos-para-fora-da-bolha/>. Acesso em 4 fev 2022.

BURITY, Joanildo. "Religião, cultura e espaço público: onde estamos na presente conjuntura?". In: MEZZOMO, Frank Antonio, PÁTARO, Cristina Satiê de Oliveira, HAHN, Fábio André (Orgs.). *Religião, Cultura e Espaço Público*. São Paulo/Campo Mourão: Olho D'Água/Fecilcam, 2016, pp. 13-50.

BURITY, Joanildo. De onde vêm os referenciais para uma tomada de posição político-eleitoral? (I). *Novos Diálogos*, 20 set. 2010. Disponível em: <http://novosdialogos.com/de-onde-vem-os-referenciais-para-uma-tomada-de-posicao-politico-eleitoral-i/>. Acesso em 4 fev 2022.

COMO TRUMP E o Brexit ajudaram a cunhar a 'palavra do ano' escolhida pelo dicionário Oxford. *BBC News Brasil*, 16 nov 2016. Disponível em: https://www.bbc.com/portuguese/internacional-37998165 Acesso em 4 fev 2022.

COMISSÃO NACIONAL DA VERDADE (CNV). *Relatório:* textos temáticos. Vol. 2. Brasília: CNV, 2014. Disponível em: <http://www.cnv.bov.br>. Acesso em 4 fev 2022.

COMISSÃO EUROPEIA. *Plano de Ação contra a Desinformação*. Bruxelas, JOIN (2018) 36 final. Disponível em: https://eur-lex.europa.eu/LexUriServ/LexUriServ.do?uri=JOIN:2018:0036:FIN:PT:PDF. Acesso em 4 fev 2022.

CORREIA, Mariama. Grupos da igreja no WhatsApp são usados para disseminar desinformação, revela pesquisa. *Agência Pública*, 17 ago 2021. Disponível em: https://apublica.org/2021/08/grupos-da-igreja-no-whatsapp-sao-usados-para-disseminar-desinformacao-revela-pesquisa/. Acesso em 4 fev 2022.

CUNHA, Magali. O protagonismo evangélico no Poder Executivo- Parte 2: O segundo escalão de ministérios-chave. *Plataforma Religião e Poder*, 24 ago 2021. Disponível em: https://religiaoepoder.org.br/artigo/o-protagonismo-evangelico-no-poder-executivo-parte-2/. Acesso em 4 fev 2022.

CUNHA, Magali. Evangélicos são de direita ou de esquerda? *Carta Capital* (Diálogos da Fé), 10 abr 2019. Disponível em: https://www.cartacapital.com.br/blogs/dialogos-da-fe/evangelicos-sao-de-direita-ou-de-esquerda/ . Acesso em 4 fev 2022.

CUNHA, Magali. N. *Do púlpito às mídias sociais*: Evangélicos na Política e Ativismo Digital. Curitiba: Appris, 2019.

CUNHA, Magali N. *Explosão Gospel*. Um olhar das ciências humanas sobre o cenário evangélico contemporâneo. Rio de Janeiro: MAUAD, 2007.

CUNHA, Magali. "Diálogos da Fé". *Carta Capital*. Disponível em: <https://www.cartacapital.com.br/author/magali-cunha/>. Acesso em: 10 jan. 2022.

DATAFOLHA. Reprovação a governo Bolsonaro fica estável, em 53%. Datafolha Instituto de Pesquisas, 17 dez 2021. Disponível em: https://datafolha.folha.uol.com.br/opiniaopublica/2021/12/1989358-reprovacao-a-governo-bolsonaro-fica-estavel-em-53.shtml . Acesso em 4 fev 2022.

DOUGLAS, Christopher. The religious origins of fake news and "alternative facts". *Religious Dispatches*, 23 Feb 2017. Disponível em: http://religiondispatches.org/the-religious-origins-of-fake-news-and-alternative-facts/. Acesso em 4 fev 2022.

ESTADÃO CONTEÚDO. PT e centro já disputam apoio de evangélicos. *Exame*, 17 abr 2021. Disponível em: https://exame.com/brasil/pt-e-centro-ja-disputam-apoio-de-evangelicos/. Acesso em 4 fev 2022.

EVANGELISTA, Ana Carolina, REIS, Livia. Neoconservadorismo, família, moral e religião nos primeiros anos do governo Bolsonaro. *Fundação Henrich Böll*, 10 abr 2021. Disponível em: https://br.boell.org/pt-br/2021/04/10/neoconservadorismo-familia-moral-e-religiao-nos-primeiros-anos-do-governo-bolsonaro . Acesso em 4 fev 2022.

FONSECA, Alexandre Brasil, DIAS, Juliana (Coord.). *Caminhos da desinformação:* evangélicos, fake news e WhatsApp no Brasil: relatório de pesquisa. Rio de Janeiro: Universidade Federal do Rio de Janeiro, Instituto NUTES de Educação em Ciências e Saúde, 2021. Disponível em: https://drive.google.com/file/d/1xl-5aqKfXmYeSPctboBoNqFzj_21yRHO/view. Acesso em 4 fev 2022.

FRESTON, Paul. *Evangélicos na política brasileira*: história ambígua e desafio ético. Curitiba: Encontrão, 1994.

INSTITUTO DE ESTUDOS DA RELIGIÃO – ISER. *Plataforma Religião e Poder*. Disponível em: <https://religiaoepoder.org.br/>. Acesso em: 10 jan. 2022.

PACHECO, Ronilso. Quem são os evangélicos calvinistas que avançam silenciosamente no governo Bolsonaro. *Intercept Brasil*, 4 fev 2020. Disponível em: https://theintercept.com/2020/02/04/evangelicos--calvinistas-bolsonaro/. Acesso em 4 fev 2022.

RECAP. *Rede Cristã de Advocacia Popular*. Disponível em: http://advocaciapopularcrista.com.br/. Acesso em 4 fev 2022.

RNCD. *Rede Nacional de Combate à Desinformação*. Disponível em: https://rncd.org/. Acesso em 4 fev 2022.

SURFE um estilo de vida. *Revista Gospel*, São Paulo, n° 3 (1999), pp. 2-5.

TEIXEIRA, Faustino, MENEZES, Renata. *Religiões em movimento* – o censo de 2010. Petrópolis: Vozes, 2013. Acesso em 4 fev 2022.

TEIXEIRA, Lucas Borges. Eleições 2020: Mais de 5.500 religiosos lançam candidaturas pelo Brasil. *UOL Notícias*, 26 set 2020. Disponível em: https://noticias.uol.com.br/eleicoes/2020/09/26/candidatos-religiosos-eleicoes-2020.htm?utm_source=facebook&utm_medium=social-media&utm_campaign=uol&utm_content=geral&fbclid=IwAR2b7JGz-IcymoG-DETJU7Ehv1QcecfrxUnen_mM6xCt77xGFYlQn04n-w9A. Acesso em 4 fev 2022.

TRABUCO, Zózimo. *À direita de Deus, à esquerda do povo*: Protestantismos, esquerdas e minorias em tempos de ditadura e democracia (1974-1994). Rio de Janeiro: Sagga, 2017.

VITAL DA CUNHA, Christina, MOURA, João Luiz. *Evangélicos à esquerda no Brasil.* Comunicações do ISER. 40 (73), dez. 2021.

WARDLE, Claire. Fake News. It's complicated. *First Draft News.* 16 fev 2017. Disponível em: < https://firstdraftnews.org/latest/fake-news-complicated/> Acesso em 4 fev 2022.

Coleção MyNews Explica

Próximos lançamentos

MyNews Explica Eleições Brasileiras – Luis Felipe Salomão

MyNews Explica Budismo – Heródoto Barbeiro

MyNews Explica Astronomia – Cássio Barbosa

MyNews Explica Buracos Negros – Thaísa Bergmann

MyNews Explica Como morar nos EUA – Isabela Borges

MyNews Explica Vacinas – Gustavo Cabral

MyNews Explica Relações Internacionais – Guilherme Casarões

MyNews Explica Como viver em Portugal – Andrea Duarte

MyNews Explica Liberalismo – Joel Pinheiro Fonseca

MyNews Explica Fascismo – Leandro Gonçalves e Odilon Caldeira Neto

MyNews Explica Integralismo – Leandro Gonçalves e Odilon Caldeira Neto

MyNews Explica Pesquisas Eleitorais – Denilde Holzhacker

MyNews Explica Sistemas de Governo – Denilde Holzhacker

MyNews Explica Previdência do Servidor Público – Mara Luquet

MyNews Explica Interculturalidade – Welder Lancieri Marchini

MyNews Explica Exoplanetas – Salvador Nogueira

MyNews Explica o Comunismo -, Rodrigo Prando

MyNews Explica Eleições e Mercado – Jorge Simino Jr.

MyNews Explica a Rússia Face ao Ocidente – Paulo Visentini